明るい映画、暗い映画

21世紀のスクリーン革命

映画・アニメ批評
2015−2021

Real Sound Collection

渡邉大輔

blueprint

明るい映画、暗い映画

21世紀のスクリーン革命

映画・アニメ批評 2015–2021

装画＝斉木駿介
(https://shunsukesaiki.tumblr.com/)
装丁＝川名潤

明るい映画、暗い映画　目次

まえがき

本書『明るい映画、暗い映画——21世紀のスクリーン革命』には、株式会社blueprintが運営する「リアルサウンド映画部」「リアルサウンドテック」に、2015年から2021年までの6年間に、わたしが発表してきた映画やアニメーションなどをめぐる批評、レビュー、コラム、インタビューが収められている。今回、単行本として収録するにあたり、初出時の原稿には全体の構成を組み替えたり、タイトルを変更したり、原稿間のつながりを加筆したり、適宜加筆修正を施した。

本書は大きくふたつの部に分かれている。

第1部「新しい画面の映画論」は「リアルサウンド映画部」に2020年9月から2021年3月まで計5回連載した原稿をもとにしたひと続きの内容の6つの章からなっている。ここでは、おもに2010年代以降の映画やアニメーションなどの映像文化のいたるところに窺える重要な変化を、「明るい画面」と「暗い画面」と名づけたカテゴリーに分類し、その多種多様なあり方をこれまでの映画史の見取り図を問い直す作業にまで引き延ばして検討している。言及した存在は、新海誠、岩井俊二、深田晃司、三宅唱、そして大林宣彦、市川崑やヘンリー小谷など。ときに海外映画やアニメにも触れている。ただ、そもそも「明るい画面」「暗い画面」といった呼称自体が解釈の余白の大きいネーミングであるように、本章ではあえて単純化した区分から現代映画と映画史の大胆な捉え直しを試みた。もちろん、ここで提示した概念や論述には、厳密に詰められていない点や触れられていない文脈も多く、とくに後半は歴史研究としてはまだ不十分なものである。だが、のちに記す理由から、多少荒削りでもいまこの着想をまとめることには意味があると考えた。そして本来、「批評」とはそういう既存の状況や価値観に対する「新しい見取り図」を示す役割を果たすものでもある。ともあれ、この章で素描的に提起した問題は、いずれまた場所を代えて本格的に論じてみたいと考えている。たとえばこの章では、ほとんど日本映画史のことしか扱えなかったが、わたしの考えでは、同じことは海外の映画にも当てはまるはずだ。

　そして第2部「画面たちの星座《コンステラツィオーン》」は、「リアルサウンド映画部」「リアルサウンドテック」にこの5年ほどのあいだに寄稿したレビューやコラムのなかから映画やアニメーションにかんするものを中心に選び出し、テーマごとに3つの章に分けて収録した。第1章「21世紀映画のインフラストラクチャー」は、デジタル技術の進展によって現れた映像制作・撮影・受容の新たな環境から窺える表現の変化や近年の日本映画に見られる想像力、2・5次元ミュージカルなど、「作品」を支える新たなインフラ=足場を論じた文章を5篇収めた。このうち、濱口竜介監督『ドライブ・マイ・カー』についてのレビューは、本書のための書き下ろしである。また、わたしの問題意識やスタンスを総括するような短いインタビューも冒頭に1本入れた。続く第2章「変容する現代日本アニメ」では、新海誠『君の名は。』からufotable制作の『鬼滅の刃』まで、2010年代後半から話題を呼んだアニメ作品についてのレビューやコラムを6篇集めた。そして最後の第3章「スタジオジブリとその周辺」はいささか趣向を変えて、スタジオジブリや東映動画をめぐる文章2篇を加えた。巻末には元タイトルとともに初出一覧を付した。

第2部に収録した文章は、それぞれ独立しているので、どれから読んでいただいてもかまわない。また、第1部の映画論が重いと感じられるかたは、まずは第2部のレビューやコラムを拾い読みすることから本書の内容に入っていただくのもよいだろう。

これらの文章は、そのつどの編集部からの依頼に応じて書かれたもので、したがって、第2部の原稿は首尾一貫したテーマやコンセプトに基づくものではない。筆者のわたしを示す人称や文体も統一されていない。しかし、だからといって、まったくの乱雑な寄せ集めともいえない。しいていうならば、本書はさまざまな意味で「画面」についての問題意識に貫かれているということができるかもしれない。それをもっともわかりやすく示すのが、「新しい画面の映画論」と題された第1部であるのはもちろんだが、第2部に集めた原稿の多くもまた、第1部で論じたような、ジャンル、メディア環境など、いろいろな側面でこれまでにはない新しい「画面」がもたらす可能性や問題点を扱っているといえるだろう。

第2部のタイトルに入れた「星座《コンステラツィオーン》」とは、ドイツの批評家ヴァルター・ベンヤミンの用語である。ベンヤミンは歴史や状況の探究の身振りを、それぞれ時空の異なる場所で輝く星々を意外な仕方で結びつけることでできあがる星座になぞらえた。ここに収録されたさまざまな文章から「21世紀映画の画面」という星座をぜひいくつも見出していただけることを願っている。

＊

さて、本書は、わたしにとってのはじめての評論集となったが、ここに収めた文章でのわたしの問題意識がどのあたりにあるか、最初に簡単に説明しておきたい。

わたしの批評家としての大きな問題意識のひとつに、映像文化をめぐる情報メディア論的な検討がある。本書のなかでも多くの文章で論じているように、現代の先端的なデジタルデバイスやプラットフォームの台頭は、従来の映像文化の状況や表現、考え方を根本的に変えつつある。たとえば、２０１２年に刊行したわたしの前著『イメージの進行形――ソーシャル時代の映画と映像文化』（人文書院）は、当時世の中で存在感を増しつつあったSNSや動画サイトのもたらす効果——文化の「ソーシャル化」が映画や映像文化に対して、どのような影響を与えるのかを考察した評論書だった。

こうしたメディア的な変化は、もちろんのこと、映像の消費や批評のあり方も大きく変える。前著のなかでもわたしは、文化の「サプリメント化」という表現を使った。また別の場所では、今日の趨勢を、映画批評の「食べログ化」と書いたこともある。Twitterなどの SNSの登場以降、あらゆる作品や表現は、脊髄反射的に受容され、ファーストインプレッションの「泣けるか」「面白いか」「つまらないか」などの情動的な感想で評価される。また、それが社会からも求められる。そこでは、作品の記号や意味をじっくり丹念に読みこもうという「批評」の居場所はなくなっていく。その先に待っていたものとして、最近も世間で話題となった「映画を早送りで見る人たちの出現」（稲田豊史「「映画を早送りで観る人たち」の出現が示す、恐ろしい未来」、『現代ビジネス』掲載）だったり、あの「ファスト映画」問題があるだろう。

そういう状況のなかで、果たして「批評」はいかに可能だろうか？

当時、編集部におられたTさんというかたから、このたび音楽総合サイト「リアルサウンド」の「映画」部門として、単なる「宣伝」にはとどまらない映画批評やコラムを掲載する新たなサイトが立ち上がるので何か寄稿していただけないかというメールをいただき、池袋の喫茶店で話をしたのは、2015年6月のことになる。その場でわたしは、現在の映画批評に対する右に述べたような考えを述べ、立ちあがったばかりの新しいカルチャーサイトで、そうした現状を踏まえたうえでの映像批評の模索をぜひやらせてほしいと答えた記憶がある。

もともと、わたしは2005年に評論家としての活動を開始した。最初はおもに文芸評論を手掛けていたが、しばらくして映画批評をメインにするようになり、これまでおそらく数百におよぶ原稿を書いてきたのではないかと思う。それらの原稿の多くは、書籍、そして映画雑誌を筆頭に、文芸誌や批評誌など、おもに紙媒体で執筆してきた。もちろん、昨今の書籍や雑誌も電子の形式で同時に発売されることが多くなっているが、アナログ媒体で批評を書くときには、どこかまとまりのある確固としたスタイルが好まれるだろうし、またわたし自身もそのように書くことを望む。たとえば、詳細な書誌情報や脚註をつけたり、批評を好んで読むある特定のコミュニティに訴求するようなタームをあえて使ったりもする。

しかし、現代の先端的なメディア文化に肉薄する批評を書くためには、それが置かれ、消費される「場」＝環境の更新も考慮に入れなければならないだろう。また、かつてマーシャル・マクルーハンは、「メディアはメッセージである」という有名な言葉を残したが、21世紀の映像批評の内容＝メッセージの性質は、それが入れられる媒体＝メディアによって左右されるし、その媒体＝メディア自体がある種の内容＝メッセージを帯びうる。

あらためていえば、わたしにとって、この評論集の重要なポイントのひとつは、このなかの原稿のほぼすべてが、ウェブ媒体で発表されていることだ。これは、けっして瑣末な事実ではない。どういうことか。

リアルサウンドのようなカルチャーサイトで発表される文章は、当然ながら、紙媒体で読まれる文章とは、まったく異なった「画面」＝環境に置かれることになる。映像批評はいわばその新しい「画面」のただなかで読まれることになった。リアルサウンドで配信される文章は、サイトの内部で前後に並べられた関連する文章の文脈を即座に剥ぎ取られてYahoo!をはじめとする検索エンジンのニュース記事としても配信される。ときにはそうした検索エンジンのトップページにも飛ばされ、――映画やアニメには特段関心も知識もない――無数のユーザの目に触れる。それゆえおのずから、批評の書き手も、そうした「画面」＝環境を意識することになるのだ。

本書に収録されている原稿の多くで、わたしはこの手の批評文ではあまり用いられない「ぼく」という一人称を使い、「ですます調」で――語り下ろしの原稿のように見えるかもしれないが、インタビューに基づいた文章以外はすべて最初から活字で書いたものだ――文章で記した。とくにレビューやコラムでは、批評用語もほとんど使わず、使うときはできる限りそのつど説明も入れた。本書の多くの映像批評の「語り口」は、紙媒体の批評文や論文が採用する傾向とはやや異なっている。そして、それはもちろん、上記の理由から、あえて選択された身振りなのだ。第1部の映画論を学術論文のような厳密さや目配りが行き届いた手堅い形でまとめるのではなく、ここからさまざまな着想が拡がりうる軽やかな文化批評として提示したのも、

ている。

そのためである。

その意味で、ここにも映像をめぐる、もうひとつの「画面」のアップデートが深くかかわっている。

結果からいうと、本書に収録された原稿のうち、とくに2016年に書いた『君の名は。』のレビューは、わたしの書いてきた文章のなかでも過去最高と呼べるほどの大きな反響を呼んだ。ウェブ上ではSNSを中心に賛否両論さまざまなコメントをいただき、いわゆる盛大に「バズった」。この原稿がきっかけで、ふだんのわたしならまったく縁のない女性週刊誌からの取材やテレビ出演まですることになった。また、わたしの知らないうちに外国語にまで翻訳されていた。このように、このレビューは今日の新しい「画面」の論理のなかで幸いにも無数のひとびとに読んでもらうことができたが、一方で、『君の名は。』を論じた批評文としてもいくらかは有意な論点を提起するものになったのではないかと思っている（たとえば、その後、トーマス・ラマールが新著*"The Anime Ecology: A Genealogy of Television, Animation, and Game Media"*〔2018年、未邦訳〕でこのレビューについて触れてくれた）。

いずれにせよ、本書のわたしの企図に限らず、動画サイトやSNSが社会の隅々にまで浸透したデジタル時代の現代には、映像批評のあり方も必然的に、大きく変化するだろう。繰り返すように、そのとき社会の大勢は、やはりレビューサービスや映画コメンテーターらが推し進める映画鑑賞の食べログ化やサプリメント化のほうであり、ファスト映画的なコンテンツ消費に向かっていることには変わりない。

しかし、その一方で、かつてならば、加藤幹郎の『「ブレードランナー」論序説――映画学特別講義』や平倉圭の『ゴダール的方法』、そして最新の成果では北村匡平『24フレームの映画学――映像表現を解体する』といった著作が実践する、高解像度のデジタル解析に基づく画面分析の批評の台頭もまた、同じメディア的な変化がもたらした近年の画期的な成果といえる。

それを踏まえていえば、本書の原稿でわたしが試みたのは、ウェブ上でエフェメラルに押し流され、ネタ的に消費され、ときにヤフコメ的に揶揄もされるという受容の条件を前提としつつ、そのなかでいかに「批評的」な強度や普遍性も維持し続けうるかという映像論の実践の模索だった。最近、先の北村の著作や伊藤弘了『仕事と人生に効く教養としての映画』といった映像批評の注目作で、ふたたび「映画の見方」自体を再検討・紹介する仕事が目立っているが、わたしの見立てでは、これらの著作もまた、過剰流動化し多層化する映像文化のなかで、本書と似たような、映画やアニメの「画面」の新たな「語り口」を見出そうとする試みの表れなのだ。何より少なくとも、わたしは本書に収録した原稿を書くなかで、書き手としてじつにゆたかな経験を得られたし、また書いていて楽しかった。

何にせよ、以上の本書の企図がどのくらいうまく達成できているかどうかは、読者諸氏のご判断に委ねたい。至らない点は、忌憚のないご叱正をいただければ幸いである。本書の原稿の数々が、平成末期から令和の初頭にいたる数年間の映画やアニメーション、そしてそれらを論じたレビューの記録として、今後もいくらかでも興味深く読まれるものになっていれば、著者としてはとても嬉しい。

第 1 部

新しい画面の映画論

第1章　「明るい画面」の映画の到来

「画面」の変化から映画の現在と過去を考える

ここ数年、国内外の現代映画にはある変化が起きているように思えてならない。

第1部では、ぼくが考えるその変化に注目し、さまざまな映画作品の分析からそのことが持つ意味を手広く考えていきたい。そして、その現代映画における変化を軸にして、これまでの映画史の見取り図にも新しい切り口を導入してみたいと思っている。そして、ぼくがその考察のためのよりどころとしたいのは、おもに映画の「画面」のありようの変化である。ただ、ここでぼくが注目する「画面」は、必ずしもこれまでの映画研究や映画批評が指してきたものと同じではない。

たとえば映画の「画面」の分析というと、従来の映画研究や映画批評では、一般的に「ミザンセーヌMise-en-scène」という用語が問題にされる。この演劇由来の用語は、俳優や彼らの衣装、メイク、舞台セット、小道具、照明効果などといった、要は「画面に映るすべてのもの」――俳優の台詞以外で映画のなかで表現されるすべてのもの――を指す。一部の映画論で使われる「セノグラフィ」――これも舞台由来の用語だが――も、だいたいこれと同じ意味だ。こうした意味でのミザンセーヌに着目する研究や批評は、これまでにも国内外で無数に書かれてきた（戦前のドイツ表現主義映画の考察などが典型的だろう）。もちろん、ここでのぼくの議論も基本的には照明効果をはじめとする以上のようなミザンセーヌという意味での「画面」の表現や演出に基づいている。しかし、これに加えてこの議論では、そうしたミザンセーヌを生み出す*メディア*や*環境*の変化にも注目して「画面」を見る。具体的にいえば、21世紀以降の映画が置かれているデジタル化や（それとも関係する）視聴環境の変化である。このあと述べるように、２０１０年代の文化状況、さらにコロナ禍を経過したあとの映画や映像文化の現状を踏まえると、そうした視点からの分析は不可欠だろう。

そのうえで先に結論を少しいってしまえば、ぼくの見立てでは、20世紀から21世紀の現代にいたる映画の画面には、「明るい画面」と「暗い画面」とでも呼べるようなふたつの傾向（系譜）がある。２０２０年代の映画では、おそらくそのふたつの画面の違いがより顕著に表れてくるだろう。そして、それはいままでの映画史の見直しを迫ることになるはずだというのがぼくの考えである。

それでは、現在、映画の「画面」がどのように変わっているのだろうか。

宮崎駿が注目していた画面の変化

まずは導入として、ある象徴的な発言の紹介から始めよう。

2013年、この年に現時点での最後の長編監督作となっている『風立ちぬ』を発表した宮崎駿は、かねてから敬愛し、今年はじめに亡くなった昭和史家の半藤一利と対談を行っている。NHKの番組でも放送され、『腰抜け愛国談義』という文庫にもまとめられたこの対話のなかで、宮崎は、近年の「画面」に起こっているある変化について語っている。冒頭から長い引用で恐縮だが、該当部分を抜き出してみよう。

宮崎　ウォルト・ディズニーでも、いまはみんなコンピュータでやる3Dのほうに移っています。[…]
　自分たちは長らく、鉛筆やペンで描いたものを、透明のセルに写して筆を使って絵具を塗ってという、ものすごくアナログな作業をしてきました。それがある日デジタルになったんです。色を塗らなくなりました。コンピュータで色をつける。[…]

半藤　そうすると、いまはあんまりお描きになることはないんですか。

宮崎　いえ、描いています。背景は、ぼくらは筆で描く。その背景をコンピュータに取り込んで、その上に乗っかる人物は、その背景を基準にしながら色を決めていくという作業をします。だけど、色を塗ってOKというわけではなくて、絵具で塗ってから、少し調子を上げようとか下げようとかいろいろやるんですね。ですからどんどんコンピュータの精度が高くなって、なんだかよくわからないのですが、ちかごろ画面が妙に明るくなってきたんです。

もう四十年ちかく前に『アルプスの少女ハイジ』というテレビアニメをつくったのですが、画面の背景はほとんど緑色ですから、それをバックに赤い服を着たハイジがチラチラ走っていると、かつてはしっくりと調和して、元気がいい、という印象でした。で、デジタル化に当たってその色を機械に取り込んでみたら、赤そのものが強烈な蛍光色になってしまうんです。もとの色味がすっ飛んで輝いてしまっている。これはちょっとしたショックでした。

ぼくは、機械が乱暴になっているのじゃないかと思うんです。それを見慣れている人間たちは、それをそのまま受け入れますから、近ごろでは渋い画面がなかなかつくれません。色調が激しくなってしまうんです。

半藤　いまの日本人は蛍光色が好きなんですかねえ。

宮崎　だと思います。それは本屋さんに行ってみるとわかる。もう、そこらじゅう蛍光ピンクだらけです。なでしこのピンクじゃなくて、コンピュータがつくっている激しい赤ですね。ぼくなんかは、それが気持ち悪いんですよね。（半藤一利・宮崎駿『半藤一利と宮崎駿の腰抜け愛国談義』文春ジブリ文庫、82〜84頁、傍点引用者）

ここで宮崎は、アニメーションの制作現場にも広く浸透してきたデジタル工程について触れているが、そこで手描きの背景画をコンピュータに取り込んでカラー調整をすると、「どんどんコンピュータの精度が高くなって、なんだかよくわからないのですが、ちかごろ画面が妙に明るくなってきた」と打ち明けている。そして、「それを見慣れている人間たちは、それをそのまま受け入れますから」、いまの街中の風景も「もう、そこらじゅう蛍光ピンクだらけ」になってきたと指摘している。この国民的なアニメ作家の漏らしたささやかな感慨は、おそらく現代の映画文化で見られる「画面」の変化を考えるときに、きわめて見逃せない問題を提起している。

新海誠と京アニの「インスタ映え」的画面

まず、宮崎自身もその創作の領域とするアニメーションの分野から見ていこう。

現代のアニメーションの世界で、宮崎が述べている「コンピュータの精度が高く」なることによって、「強烈な蛍光色」を発する「明るい画面」というと、誰でもすぐに頭に思い浮かぶのが、やはり2010年代の日本アニメを代表する存在となった新海誠と京都アニメーションの作品の作る画面だろう。

2016年にそれぞれ『君の名は。』と『映画 聲の形』という話題作を揃って手掛けた両者は、アニメーション研究者で自ら配給も手掛ける土居伸彰がすでに指摘したように（『21世紀のアニメーションがわかる本』フィルムアート社）、21世紀の新しいアニメーション表現を象徴する存在と評価することができる。すでにしばしば評されるように、新海のアニメーションも、また批評家の石岡良治の表現（『現代アニメ「超」講義』PLANETS 第二次惑星開発委員会、107頁）を借りればその演出を「コモディティ化」したという京アニのアニメーションも、まさにデジタル技術の浸透が可能としたヴィジュアルエフェクツソフトを用いてデスクトップ上で行われるさまざまな合成処理、いわゆる「コンポジット」（しばしばかっての「撮影」工程と類比される）を活かしたフォトリアルな映像表現を共通の特徴としている。その結果、まさに「明るい画面」への変化を宮崎が指摘した2013年に公開された『言の葉の庭』の画面が典型的なように、新海アニメの画面は、レンズフレアや逆光、広角レンズ、ピントボケなどの実写的なエフェクトと相俟って、情報量が飽和した高精細なイメージがフレームの端までキラキラと光り輝くものになっている。

こうした新海や京アニのような現代アニメーションの「明るい画面」は、やはり2010年代以降のデジタル映像文化を象徴するあるひとつの「画面」をごく自然と髣髴させる。そう、写真共有サービス「Instagram」の「インスタ映え」の写真である。たとえば、スマートフォン以降の新たなデジタル写真論を提起した写真家・ライターの大山顕も、『君の名は。』を劇場で観たときの印象をこう記している。

このアニメーション［註：『君の名は。』］を観てぼくが衝撃を受けたのは、その絵づくりが完全に「インスタグラム風」だった点だ。しばしば逆光によってレンズ内で光が反射してできるフレアが描かれ、クライマックスシーンではCCDイメージセンサーが強い光を受けたときに発生するスミアまでもが描写されていた。言うまでもなく、これはわざわざ描かれたものである。［…］

『君の名は。』のこの描写は、［…］単に「見た目キラキラしてそれっぽい」のを目指しただけだろう。インスタグラムを筆頭とする、ネット上にある「いいね」をたくさん獲得する絵を詰め込んだ印象だ。場面のひとつには、なんとタイムラプスを描写したものまであった。アニメーションでタイムラプスとは倒錯している。よく考えるととても奇妙だが、多くの人はあれを素敵な演出だと感じたことだろう。（『新写真論 スマホと顔』ゲンロン、85～86頁、傍点引用者）

確かに、新海アニメのフォトリアルな「明るい画面」は、現代の若い世代の映像文化を象徴する「インスタ映え」の画面を巧妙に擬態しているといえる。そして、だからこそ、その「明るい画面」のイメージ自体が、宮崎のいうように、ひるがえって「そこらじゅう蛍光ピンクだらけ」（まさにインスタ的イメージ！）の現代の「それを見慣れている人間たち」の感性をもまざまざと映し出しているのだ。

しかも重要なのは、インスタとの類似もそうだが、そうしたアニメーション表現が単にアニメーションに留まらない、デジタル映像の特徴と深く結びついている点だ。

たとえば、かたや近現代視覚芸術の研究者である荒川徹は、新海的な画面を「HDR的」だと形容している（「多挙動風景――動く絵画-写真としての新海誠」、『ユリイカ』2016年9月号、青土社所収）。「HDR」（ハイ・ダイナミック・レンジ）とは、アナログフィルムなどの一般的な記録画像と比較してより幅の広いダイナミックレンジ（明暗のグラデーション）のことであり、写真技法としては一般的に、露出の異なる複数枚の写真をコンピュータ上で合成したり、より近年ではスマートフォンの写真撮影機能にも搭載されているものである。

すなわち、この現代の「明るい画面」の問題は、アニメーションの領域のみならず――もちろん、後述するように、その「明るさ」はアニメーションというジャンルにも深く関わるものなのだが――、Instagram写真を含めた実写など、デジタル化以降の映像文化全般に拡張して当てはめられる傾向なのである。

「インスタ／Spotify映画」としての『WAVES／ウェイブス』と『君の名は。』

実際、新海や京アニといった国内の商業アニメーションという狭い範囲だけでなく、ここ数年の国内外の映画には、これとよく似たような画面を持つ映画がいたるところで目立ってきているように見える。

ハリウッドの大きな固有名を挙げれば、新海と同様、キラキラとしたレンズフレアをその画面の特徴的なルックとするJ・J・エイブラムスの作品群。それからごく最近のおもだった作品タイトルを目についた限り挙げれば、アリ・アスター監督の『ミッドサマー』（2019年）、トレイ・エドワード・シュルツ監督の『WAVES／ウェイブス』（2019年）、そして、ジョージ・クルーニー監督・主演の『ミッドナイト・スカイ』（2020年）といったあたりである。いずれの映画も、フラットな明るさがほぼすべての画面をのっぺりと支配していることで共通している。

だが、ここまでの議論とのつながりからもっともわかりやすいのは、やはり『WAVES／ウェイブス』だろう。本作は、厳格な父親のもとで育てられたのち、ふとした挫折をきっかけに悲劇に陥っていく高校生の兄とその妹をそれぞれ主人公に、二部構成で描かれた青春ドラマだ。ここで特筆すべきなのは、その独特の映像表現と音楽演出だろう。ドリュー・ダニエルズによる本作のカメラは、主人公のアフリカ系米国人の兄妹が暮らすフロリダ南部の街と自然を、流麗なカメラワークとともに鮮やかな蛍光色の色彩で写し取っている。また、本作は、フランク・オーシャン、ケンドリック・ラマー、カニエ・ウェスト、レディオヘッドなどなど、有名ミュージシャンの楽曲群が監督によって事前にリストアップされ、それが物語や個々の登場人物の心情変化の展開にリンクさせられており、プロモーションでは「プレイリスト・ムービー」とまで称されていた。

もう明らかなように、『WAVES／ウェイブス』は、その映像表現においてはInstagramを、音楽演出においてはiTunesからSpotifyにいたるメディアプレーヤーを強烈に意識した、ポストデジタルの感性が散りばめられた映画なのだ（本作がInstagram的なイメージを意識していることは、ポスターや予告編などのパブリックイメージにより濃密に表現されている）。そしてその演出意図は、同様にその映像の「インスタグラム風」を指摘され、あるいは『君の名は。』や『天気の子』（2019年）ではRADWIMPSの音楽とのコラボレーションにより映像を作ったといわれる新海のアニメーションとそっくりそのまま重なるものでもあるだろう。そしてその傾向は、「明るいホラー」と評された『ミッドサマー』や、人類が破局したあとの地球に取り残された男を描く『ミッドナイト・スカイ』でも変わらない。

デジタル環境と結びつく「明るい画面」の映画たち

『ミッドサマー』は、本来は暗い＝見えないことによって恐怖を醸し出すホラー演出を、逆説的に、残酷描写を含めて、それらすべてが画面の表層にあっけらかんと露呈しているところに面白さがある。しかも、『ミッドサマー』の「明るい画面」は、まさにタイトル通り昼も夜もなく、パヴェウ・ポゴジェルスキのカメラは、人物や状況をいっさいの地上の影を消すように垂直に降り注ぐ光を思わせる、真上からの俯瞰ショットや重力を欠いた浮遊感漂う動きで頻繁に映す。こうした画面やカメラワークは、たとえば前後して日本で公開されたサム・メンデス監督の『１９１７　命をかけた伝令』（２０１９年）のように、いわゆる「オープンワールドゲーム」の世界観や画面構成を思わせるところがあった。

そして、もうひとつの『ミッドナイト・スカイ』のほうは、昨今の人新世や「SDGs」のブームともリンクする「ポスト人類的」なＳＦ映画であり、また宇宙船にスペースデブリが降り注ぐサスペンスシーンをはじめ、やはり監督・主演を務めたクルーニーがかつて出演したアルフォンソ・キュアロン監督の傑作ＳＦサスペンス『ゼロ・グラビティ』（２０１３年）を強烈に思い起こさせる作品である。ただ、『ミッドナイト・スカイ』が『ゼロ・グラビティ』と決定的に異なる点は、やはりその映像のレゾリューションの差だろう。

暗い宇宙空間に浮かぶ宇宙船の真っ白い外壁をなめらかにカメラがよぎっていくシーンがあ

るが、そこでの宇宙船の機体の表面は、『ゼロ・グラビティ』から格段に解像度がきめ細かくなって描かれている。これもまた、新海や京アニの画面と共通するところがあるが、『ミッドナイト・スカイ』のこうした画面は、本作がNetflixオリジナル映画であることも少なからず関係しているように思う。

つまりまとめると、2010年代には、「明るい画面」とでも名づけられるような一群の実写映画やアニメーションが目立って台頭してきている。これらの映画をぼくは、さしあたり**「21世紀的な明るい映画」**とでも呼んでおこう。そして、こうした映画の「明るさ」の背景には、デジタルコンポジットを駆使した新海や京アニのアニメーション、Instagram化した画面の『WAVES／ウェイブス』、オープンワールドゲーム化した画面の『ミッドサマー』、そしてNetflix的な画面の『ミッドナイト・スカイ』に明らかなように、それぞれ陰に陽に現代の先端的なデジタルツールやコンテンツの要素との結びつきが共通して入り込んでいる。

アニメ『ヒプノシスマイク』の示すフラットさ

また、同じような問題は、TOKYO MXで2020年10月から12月に放送されていたテレビアニメ『ヒプノシスマイク -Division Rap Battle-』Rhyme Anima（2020年）の特徴的な「画面」にも当てはまる（本作もNetflixで配信されており、ぼくはこちらのサブスクのほうで観た）。

本作は、キングレコードの内部レーベル「EVIL LINE RECORDS」が2017年から手掛ける男性声優たちによる音楽原作キャラクターラッププロジェクトのテレビアニメ化。昨今のオタク系コンテンツ同様、マンガ、アプリゲーム、舞台など、多角的に展開されているメディアミックスの一環だ。本作の舞台設定は、女性だけによる政党「言の葉党」が男性を完全排除した「中王区」で政権を握り、彼女たちが制定した「H法案」によって人間を殺傷するすべての武器の製造禁止および既存の武器の全面廃棄が実現された世界。そのなかで、中王区外のいくつかの区画《ディビジョン》で暮らし、MCグループを結成している男性たちは、言の葉党が武力の代わりに開発し、言葉＝リリックによってヒトの交感神経にさまざまな作用をおよぼす「ヒプノシスマイク」を用い、ラップバトルによるテリトリー争いを繰り広げている。

ぼくは、10年ほど前に刊行した単著で、メディアの「ソーシャル化」以降に台頭しつつある昨今の新たな映像文化においては、「ヒップホップ」に象徴される「リズム」に準拠した身体的な情動性が鍵となるだろうと、『SRサイタマノラッパー』（2009年）や『サウダーヂ』（2011年）を例に出しながら指摘した（拙著『イメージの進行形』［人文書院］第二章を参照）が、ほぼ同じことはこの作品にも当てはまる。

アニメ版の『ヒプマイ』は、ひとまずは2010年代以降に急速に隆盛した一連の「アイドルアニメ」の系譜に明らかに連なる作品といえる。なおかつ「男性たちのラップバトルを女性が見る」という物語世界の設定にも如実に反映されているが、最近も批評家の石岡良治が指摘する（『現代アニメ「超」講義』）、21世紀以降の「女性オタク」の台頭を表してもいるだろう。この点は、第4章で論じる「推し」の問題にも関係している。

そのうえでいえば、本作からはさまざまな意味で、ある種の「フラットさ」を強く感じる。たとえば、『ヒプマイ』の世界観は、「EXILE」グループによる総合エンターテイメントプロジェクト『HiGH&LOW』シリーズ（2015年〜）と多分に共通するところがある。また一方で、Zeebraが企画したラップバトルをテーマとする深夜バラエティ『フリースタイルダンジョン』（2015〜2020年）から始まる近年の「フリースタイルラップバトル」ブームともリンクしている。実際、この三者が始まった時期は、ほぼ同じだ。しかも、そもそも『フリースタイルダンジョン』のエンディングテーマは、LDHの「BALLISTIK BOYZ from EXILE TRIBE」であり、番組ナレーターは、『ヒプマイ』の「MC.B.B」こと山田一郎役を演じる木村昴が務めている。

かつては、『ヒプマイ』を受容するようなオタク層と、『HiGH&LOW』を観るようなマイルドヤンキー層、そして『フリースタイルダンジョン』に熱中するようないささかアンダーグラウンドなコアカルチャー層とはそれぞれ別々のクラスタに属し、相容れないものだったはずだ。しかし、2021年の現在では、それらが若者文化のなかで相互にユルく、浅く、つながりあっている。これが、『ヒプマイ』のフラットさのひとつだろう。

『ヒプマイ』が見せる「明るい画面」の平面性

もうひとつは、本作における「画面」に感じる文字通りのフラットさ＝浅さだ。

アニメ『ヒプマイ』では劇中でキャラクターがラップするシーンでは、いつも前後の物語世界から切れたようなミュージック・ビデオ風の映像演出が凝らされる。マイクを持ってラップを歌うキャラクターを中心に、グラフィカルな背景とリリックがリズムにあわせて画面に登場し、それらが組み合わさって画面が展開されていく。その画面は、いわばカラフルな書き割り的背景の上にペタッとキャラクターが乗っているような強い平面性を視聴者に感じさせる。

こうした画面の平面性は、ラップバトルのシーンの演出に限らない。そもそも『ヒプマイ』世界のキャラクターたちが暮らすイケブクロ・ディビジョン、ヨコハマ・ディビジョンなどの街の風景自体がカラフルな色彩が施され、ペラペラの書き割り的なイメージに溢れている。また、そこに立つキャラクターたちも（これも昨今のアイドルアニメに典型的な演出だが）画面に向かって正面に並列する平面的な配置が多く、これらが相俟ってアニメ『ヒプマイ』全体の画面のフラットさ＝浅さ、および一種の「明るさ」を全面に押し出しているのだ。

重要なのは、アニメ『ヒプマイ』のラップシーンの画面の演出が、新海アニメや『WAVES／ウェイブス』などと同様に、SNS登場以降の近年の新たなウェブコンテンツとのつながりを示しているという点だ。それは、楽曲の歌詞を軸に演出されたミュージック・ビデオである

「リリックビデオ」に顕著に出ている。リリックビデオとは、とりたてて歌詞表示がなく映像メインで構成される一般的なＭＶと異なり、全編にわたって楽曲に合わせてリリックがリズミカルに表示されていく趣向の楽曲動画である。近年ではジャニーズなどメジャーなアーティストの公式ＭＶでも採用されるようになってきたが、これらの動画は、日本ではもともと、動画サイトやＳＮＳの普及と連動しアマチュアベースで作られるようになったものだった。たとえば、音楽ジャーナリストの柴那典《しばとものり》によると、現在のアニメーションを用いたリリックビデオ的なものの原点は、２０００年代初頭のFlashアニメーションに遡れるという（ぼくも参加した座談会「セカイ系文化論は可能か？」北出栞編の同人誌『ferne』所収での発言による）。このFlashアニメーションの文化は、当時の２ちゃんねる（現在の５ちゃんねる）のアスキーアート文化などと紐づいてネタ的に受容されるものが大半だったが、柴によれば、そのなかから——BUMP OF CHICKENの楽曲を用いたFlashなどを介して——米津玄師に象徴される音楽とアニメーション（映像）が結びついた２０１０年代の新たな音楽カルチャーが派生してきたのだという。確かに、ここからは、『君の名は。』やYOASOBIの登場まではあと一歩である。アニメ『ヒプマイ』のフラットで「明るい」「画面」もまた、デジタル以降のウェブプラットフォームの影響が大きく関わっているのだ。

　以上のように、２０１３年に宮崎駿が注目していた現代の映画やアニメーションに見られる新たな「明るさ」、あるいは画面のすべてが白日のもとに晒されているようにペタッと描かれているという「フラットさ」（平面性）の印象は、やはり作品そのもののミザンセーヌの問題である以上に、インターネットやコンピュータといった映画やテレビ以降の新たなメディア技術の形式が反映し、その「画面」のあり方に根本的な変化をもたらしていると考えることができる。

たとえば、批評家の東浩紀はかつて現代美術家の村上隆の「スーパーフラット」というコンセプトを発展させつつ、それをパーソナルコンピュータのインターフェイスの持つ特性と関連づけた（たとえば『動物化するポストモダン――オタクから見た日本社会』［講談社現代新書］などを参照）。自らの作品を理論的に根拠づけるために村上が提唱した概念のもともとの意味は、平面的で余白を重視する伝統的な日本画と、セルアニメーションやマンガ、キャラクター文化といった現代日本のオタク文化に氾濫するイメージを戦略的に結びつけるものだったが、東はそれをHTML言語のデータベースの構造と類比的に捉え、「超平面性《スーパーフラット》」と呼び直したのである。2010年代の新海アニメや『WAVES／ウェイブス』、『ミッドナイト・スカイ』、アニメ『ヒプマイ』がInstagramやNetflix、リリックビデオといった同時代のウェブカルチャーと結びついているならば、ぼくの考えでは、その「画面」はやはり2000年代初頭に東が注目した「超平面的」な画面とイメージの延長上にあるといってよいと思う。

デジタルシネマが世界中の映画文化に浸透してもはや久しいが、2010年代にはっきりと現れたこの「明るい画面」は、現代映画の大きな変化を映し出している。2020年代とコロナ禍による生活様式の急激な変化を迎えたいま、ぼくたちはこの意味について考えなければならないところに立っている。

第2章　Ｚｏｏｍ映画と切り返しの問題

「明るい映画」の一側面——デスクトップ映画としての「Ｚｏｏｍ映画」

21世紀的な「明るい画面」の映画を、ポストコロナの現実を踏まえつつ、さまざまな視点から考えていきたい。

21世紀的な「明るい画面」が持つ、その「平面的」な「画面」がもっとも象徴的に視覚化されていると思えるのが、ぼくもこれまで何度も取り上げてきた、「デスクトップ映画」とでも呼べるような作品群である。

「デスクトップ映画とは、映画作家の佐々木友輔が著書のなかで「デスクトップ・ノワール」という名で論じている対象とほぼ重なるもので、「全編がパソコンおよびモバイル端末のＧＵＩ（グラフィカル・ユーザ・インターフェース）で進行する」（『人間から遠く離れて——ザック・スナイダーと21世紀映画の旅』トポフィル、226頁）作品を指している。ナチョ・ビガロンド監督『ブラック・ハッカー』（2014年）、レヴァン・ガブリアーゼ監督の『アンフレンデッド』（2014年）、アニーシュ・チャガンティ監督の『search／サーチ』（2018年）など、2010年代に入った頃から、この種の映画がつぎつぎに作られるようになった（日本映画では、フェイクドキュメンタリーで知られる白石晃士作品が有名だろう）。また、女性ヒップホップアイドルグループ「lyrical school」のスマートフォンのさまざまなアプリが起動するような趣向で演出された「RUN and RUN」（2016年）のミュージック・ビデオ（この作品は、カンヌライオンズ国際クリエイティヴィティ・フェスティバルのサイバー部門でも銅賞を受賞した）など、似たような演出は映画以外にも広がっている。

そしてこのデスクトップ映画の一種とも呼べるのが、まさに新型コロナウイルス（COVID-19）による感染症の拡大（パンデミック）による影響で2020年にあちこちで作られた、いわゆる「Zoom映画」とも呼ばれる類の作品である。周知のように、2020年は、シネコンからミニシアターまでの映画館は、同年4月の緊急事態宣言下では先行きの見えない臨時休業を余儀なくされた。2021年の現在も度重なる緊急事態宣言の発出により、少なからぬ数の新作の公開が延期され、また当然ながら観客数も落ち込んでおり、業界全体が依然厳しい状況に立たされている。とはいえその一方で、そうした新作の一部が劇場公開と並行してNetflixなどのサブスクリプション・サービスでも配信され、また、この間に一挙に社会に広まった「Zoom」などのウェブ会議アプリを用いた実験的な作品――「Zoom映画」や「リモート演劇」が作られるなど、「withコロナ」にふさわしい、これまでにはあまり見られなかった試みも始まっている。たとえば、行定勲監督の『A day in the home Series』（２０２０年）をはじめ、自粛期間中は国内外で似たような会議ソフトを使ったリモート制作の映画や演劇が多数作られたことはまだ記憶に新しいだろう。

ここでは、この２０１０年代に台頭してきたデスクトップ映画の最新形である、２０２０年に作られたＺｏｏｍ映画を題材にして、多種多様なメディア環境から影響を受けた「21世紀的な明るい画面」の映画の「画面」が従来の映画のそれをどのようにアップデートしているのか、理論的に考えてみよう。

「Ｚｏｏｍ映画」の画面は新しい？

ただ、コロナ禍の映画状況を象徴するＺｏｏｍ映画について論じるにあたって、「withコロナ」の文化状況の問題を根本的に考えるために、ここでひとつつけ加えて注意しておきたいことがある。

すでに述べたように、このＺｏｏｍ映画が基本的には２０１０年代に台頭してきたデスクトップ映画の「変奏」であり、とりたてて新しいものではないことだ。たとえば、行定勲の『A day in the home Series』も、このあと主題的に論じる岩井俊二のＺｏｏｍ映画も、映画の（ほぼ）

全編が、主人公が登場人物たちとウェブ会議サービス「Ｚｏｏｍ」を使って会話するパソコンのディスプレイ画面で占められている。こうした最近のリモート映画やＺｏｏｍ映画と呼ばれるような作品は、確かに、これまでの映画の画面にはない特異さを備えている。とはいえ、このあとに本格的に分析していくが、繰り返すように、こうした趣向の作品は、すでに数年前から国内外で作られてきていた。たとえば、ぼくもＷＥＢメディアリアルサウンド映画部の過去のコラムで、グスタフ・モーラー監督『THE GUILTY／ギルティ』（２０１８年）を題材に、その種の映画を考察している（本書第2部に収録）。その意味で、Ｚｏｏｍ映画の画面はまったく新しいイメージというわけではない。

このことは、コロナ禍以降の映画文化の今後の展望を考えるうえできわめて重要である。つまり、このアフターコロナの「新しい日常」は、それ以前に現れ始めていた状況と切り離された、まったく新しいものばかりではないということだ。ぼくの見立てでは、このＺｏｏｍ映画のように、それは２０１０年代（もちろん、あとで詳しくたどるように、この年代は切り口によって、２０００年代後半や１９９０年代、あるいはそれ以前へと、もっと遡行できる）には、すでに現れていた。つまり、いまぼくたちの目の前に起こっている映画や映像――ひいてはカルチャーをめぐる新しい状況とは、２０１０年代までに少しずつ、だが確実に姿を見せてきた21世紀的な想像力やシステムが、いっそうラディカルな形を伴って一気に全面化してきた状態だと理解したほうがいい。それは、どういうことか。

過剰コミュニケーション時代とズーノーシス

問題をより一般化して捉えるために、視野を広げてみよう。

もちろん、ぼく自身は映画批評や映像文化論を専門とする人間であり、今回のコロナ危機をめぐる諸問題については、完全に門外漢でしかない。しかし実際、映画表現のスタイル以外にも、新型コロナウイルスをめぐる知見をいくつか眺めていると、そこにはまさにZoom映画のように（！）ここ数年の文化状況でさかんに注目されてきた論点が、引き続き形を変えながら顔を覗かせている様子が窺われる。そして、それらの論点の中身は、じつは現代映画の状況でもはっきり表れているものだ。

たとえば、よく知られるように、今回の新型コロナウイルスは、2002年のSARS（重症急性呼吸器症候群）や2012年のMERS（中東呼吸器症候群）と同様、動物（コウモリやヒトコブラクダ）のウイルスが感染元になっている（SARSの場合は、コウモリのウイルスが食用のハクビシンを媒介にしてヒトに感染したが、COVID-19に関してはまだよくわかっていない）。もちろん、このようなヒトと動物に共通する感染症、すなわち「人獣共通感染症zoonosis」（ズーノーシス）そのものは、牛痘、結核、インフルエンザ、HIV、エボラ出血熱などなど、人類と感染症の関わりの歴史のなかで枚挙に暇がないほどさまざまな事例が繰り返されてきた。

しかし、カナダ生まれの歴史家ウィリアム・H・マクニールが『疫病と世界史』（中公文庫）で警鐘を鳴らしたように、ズーノーシスは家畜の創出から都市化までヒトと動物の接触機会が増大したことによる「文明特有の病気」という側面が強まっている。とくに、SARSからCOVID-19にいたる21世紀以降の未知のズーノーシスのパンデミックは、グローバル資本主義の拡大によるヒトやモノの過剰流動化と、（感染症と並ぶ21世紀世界のもうひとつの脅威になりつつある気候変動の要因でもある）森林伐採などによる大規模な環境変動によって、ヒトとヒトでないさまざまなモノ（動物、自然、無機物……）たちがかつてない近さで緊密に接近し合う局面の増大していることにその原因が求められるだろう。たとえば、SNSやFAANG＋M、AIやビッグデータの浸透によって人間と非人間とを問わず日々交わされる膨大なコミュニケーションが不可避的に資本の蓄積に奉仕してしまう現代的な状況を、いまから20年ほど前に北米の政治学者ジョディ・ディーンは「コミュニケーション資本主義」と名づけたが、新型コロナウイルスの登場は、その変異的な帰結のひとつでもある。

ヒトとモノが混淆する「ウイルス新世」

そして、いまズーノーシスという形で見られるような新型コロナウイルスの脅威であるヒトとヒトでない存在との緊密で競合的な相互交渉という状況は、ここ数年、ぼく自身もいたるところで論じてきた通り、パンデミック以前から台頭してきた、きわめて21世紀的な世界システムの特徴を反映している。コロナ危機の場合はむろん、それは具体的には人間と動物、人間とウイルスだが、このような主体と客体、ヒトと自然、ヒトと技術、そして映画論の文脈に引き寄せれば、主体（観客）とスクリーン（映像）という本来は相容れず対立し合う存在がフラットに交差し、ときには融合し、お互いの「かたち」を変えさえするような事態は、今日の社会でいたるところで見られるようになっている。

ディープラーニングが実現したＩｏＴやＩｏＢが体現するヒトとＡＩ（オブジェクト）との対等な交流であったり、アニメやゲームのキャラ（オブジェクト）に恋してしまう現代人は、それぞれそのわかりやすい一例となるだろう。こうしたヒトとモノ、文化と自然が互いに影響を与え合いながら、同じ「アクター」として対等に干渉し合う様態を、フランスの科学人類学者ブルーノ・ラトゥールは「アクター・ネットワーク理論」（ＡＮＴ）として体系化し、いま幅広い領域に知的インパクトを与えている。だとしたら、すでに医療社会学者の美馬達哉も指摘する通り、ぼくたちと新型コロナウイルスの関係もまた、ともにこのアクター・ネットワークの一員をなしている。「ウイルスはたんなる受け身の客体・対象ではなく、存在としてのコロナウイルスの持つ性質が、人間の側の対応のあり方に大きく影響する」という局面があり、「この意味で、ウイルスは「主体」として人間に対しているとも表現できる」（『感染症社会――アフターコロナの生政治』人文書院、69〜70頁）からだ。

ほかにも昨今、グローバル資本主義から気候変動まで、人間と環境とのかつてない混淆状態を表現するために、「人新世」や「資本新世」や「プランテーション新世」といった用語が脚光を浴びている。文化社会学者の清水知子は、北米のジェンダー思想家ダナ・ハラウェイが提唱している「クトゥルー新世」という言葉をコミュニケーション資本主義との関連で論じているが（「生《バイオ》資本主義時代の生と芸術」、伊藤守編『コミュニケーション資本主義と〈コモン〉の探求』東京大学出版会所収）、やたらと新語を乱発することの弊害を承知でいえば、おそらくぼくたちがいま生きているのは、さらに「ウイルス新世」とでも呼びうるような状況なのだ。そのウイルス新世のなかでは、映画におけるぼくたち人間とスクリーンとの関係性もまた大きく変わるだろう。

　以上のように、さしあたりコロナ危機によって２０２０年から出現したといえる「新しい日常」は、それ以前から浮かび上がっていたぼくたちの時代の新しい条件を顕在化させたものにすぎない。

岩井俊二のＺｏｏｍ映画

　さて、それではふたたびＺｏｏｍ映画の「画面」に話題を戻そう。ここで取り上げたいのが、岩井俊二監督の『８日で死んだ怪獣の12日の物語　劇場版』（２０２０年）である。岩井は、本作をミニシアターとＶｉｍｅｏによるオンライン上映の両方で公開した。

本作は、もともとは2020年4月に立ち上がった「カプセル怪獣計画」というプロジェクトの番外編として作られた作品である。これは、「怪獣の人形に仮託してコロナウイルスを倒そう」という趣旨のもとに、リモートで制作した動画をリレー形式でつなげていくという企画で、作中にも役者のひとりとして登場する樋口真嗣ら5人の映画監督が発起人となって始まった。もともとは5月20日からYouTubeで、12日間連続で配信されたショート動画を劇場用に再編集したのが、この「劇場版」である。

新型コロナウイルスのパンデミックで外出自粛が続く日々のなか、主人公の俳優サトウタクミ（斎藤工）は、通販サイトで「カプセル怪獣」を買う。最初は植物の小さな種のような塊、そこから紙粘土のような固形物へとしだいに形を変えて成長していく怪獣の様子を、同じく怪獣を育てるYouTuber「もえかす」（穂志もえか）の配信動画などを眺めながら、彼はウェブで毎日配信していく。コロナ禍が原因で撮影も止まりひたすら自宅にいるタクミのもとにはコロナ禍で無職になったという先輩のオカモトソウ（武井壮）や通販で宇宙人を買ったという丸戸のん（のん）など、さまざまな友人たちから連絡が来て会議ソフトを通じて雑談を交わす。そのなかで、怪獣に詳しい知り合いの樋口監督（樋口真嗣）によれば、このカプセル怪獣は新型コロナウイルスと戦ってくれるらしい。タクミは果たして、うまくカプセル怪獣を育てられるのか。そして、カプセル怪獣は本当に新型コロナウイルスと戦ってくれるのか――。

『8日で死んだ怪獣の12日の物語』もまた、紛れもなくデスクトップ映画の一種だと呼べるだろう。たとえば、この岩井の新作は劇場とオンライン配信のふたつのパターンで公開されているが、デスクトップ映画でよくいわれるように、どちらかといえば、本作もオンラインのパソコン上で鑑賞したほうがより楽しめる。というのも、映画のほぼ全編を占めるＺｏｏｍの会話場面を記録した画面は、映画の観客（＝パソコンユーザ）が鑑賞するデスクトップ画面そのものだからだ。実際、監督の岩井もまた、この作品がスクリーンよりも、総じてデスクトップ的な環境で鑑賞されることを企図して演出しているような気配がある。たとえば、劇場版に先行してYouTubeで配信された12話のショート動画では登場する斎藤工の台詞にYouTuberのように字幕が付けられている。あるいは、劇場版で登場するまさにYouTuberのもえかすのYouTube動画（を模した映像）には、やはりYouTuber動画を髣髴とさせるようなキャプションや字幕が多数インサートされるのだ。こうした演出は、いうまでもなくアニメ『ヒプマイ』と共通している。

しかも、第5章で詳述するように、現在の「21世紀的な明るい画面」のルーツとしてみなせるのが、まさに１９９０年代の岩井の作品群なのであり、その意味で本作は「明るい画面」の帰趨を追うぼくの試みにとって、指標的な作品と評価できるのだ。

見えない画面の存在とすべてが見えている画面

さて、こういうデスクトップ映画＝Ｚｏｏｍ映画特有の画面（映像）は、当然のことながら通常の映画の画面とは明らかに違う。
『8日で死んだ怪獣の12日の物語』では、主人公のタクミとのんやオカモト、樋口監督といった人物たちがZoomで会話する映像が映画のほぼ全編を構成する。したがってその画面は、彼らのバストショットないし顔のクロースアップが、デスクトップの画面を左右に等しく分割する形で終始映し出され、人物はほぼ正確に正面を向いたまま、視線を交わすことなく会話し続ける姿を観客（パソコンユーザ）はえんえんと観ることになるのだ。

通常の映画の画面＝スクリーンのあり方と比較したとき、こうしたZoom映画の画面の特異さをどのように理解したらよいのだろうか。ちなみに、こうしたデスクトップの画面について考えるときに、まっさきに参照すべきなのが、先にも参照した東浩紀がこの数年来、「インターフェイス的画面（主体）」や「触視的平面」といったキーワードで展開している一連の議論である（関心のある読者は、たとえば『ゲンロン0　観光客の哲学』ゲンロン、第六章や、「観光客の哲学の余白に」第12回、『ゲンロンβ27』ゲンロン掲載などを参照されたい）。ここで東は、映画のスクリーンとは異なるパソコンのインターフェイスやスマートフォンのタッチパネルの持つ特性の新しさについて論じており、『search／サーチ』も取り上げている。それらはぼくのZoom映画の読解にも大きな示唆を与えている。ここではそれを踏まえつつ、より映画論の文脈に引きつけて考えてみたい。

ともあれ、『8日で死んだ怪獣の12日の物語』の21世紀的なZoom画面は、従来の映画が描き続けてきた観慣れた画面とどこが決定的に異なっているのか？　――それは「切り返し」（構図逆構図）がないことである。

「切り返し」（構図逆構図 Shot reverse shot/Champ-contrechamp）とは、まさにふたりの人物の向き合った会話シーンなどに典型的に用いられる映画の撮影技法だ。一方の側の人物やモノのショットを写し、続けてアクション軸（イマジナリーライン）に沿って、画面外のそれと向き合う人物やモノのショットをつなげてそれらを交互に見せるという、映画やドラマでごく一般的に見られる映像文法である。しかし、パソコンのデスクトップ（ウェブカム）を介して会話しているZoom画面の会話映像には、当然ながら人物たちのあいだには切り返しは発生しない。斎藤工ものんも、互いに視線を交わらせないまま、鑑賞者に向かって正面を向いた姿の映像がつねに画面に表示され続けることになる。

こうした違いをそれぞれの「画面」の備える性質に沿って要約するとすれば、ぼくたちが知る通常の映画の画面には、絶対に見えない（映らない）ものがある。切り返しショットでいえば、それは何よりもショットが切り返されるたびごとに、画面内に見える（映し出される）人物やモノをそのつどまなざす「不在の観客のまなざし」がその最たる例であり、実際に20世紀後半の重要な映画理論家たちは、むしろその「見えない（映らない）もの」＝欠如の存在こそが、ぼくたちが「映画を観る」ということのシステムを支えているのだと考えた。

「切り返し」＝「見えないもの」が支えてきた映画の画面

たとえば、そのシステムについて検討した「装置理論」の代表的な論者のひとりであるフランスの映画理論家ジャン＝ピエール・ウダールは、それをまさに「切り返しショット」（構図逆構図）を例にして説明している。

> したがって、映画的境域《シャン・フィルミック》のすべてに不在の境域《シャン・アプサン》が対応するのであり、この不在の境域は、観客の想像世界ゆえにそこに措定されたある人物――われわれは彼を〈不在者〉と呼ぶことにする――の場所なのである。［…］
> すなわち、画面＝逆画面《シャン・コントルシャン》［註：切り返しショットのこと］によって連接された映画的言表の枠内においては、ある誰か（〈不在者〉）というかたちでの欠如の出現に続き、そのある誰かの境域のなかにいる誰か（または何か）によりそうした欠如が廃棄されるという点である。（ウダール「縫合」〔谷昌親訳〕、岩本憲児ほか編『「新」映画理論集成2 知覚／表象／読解』フィルムアート社、15〜17頁、原文の太字は修正した）

つまり、ふたりの人物の切り返しショットを撮るとき、どちらかの人物を写すには、その画面内には見えない（映らない）ひとつの「ある誰か（〈不在者〉）」という欠如、つまり「不在の他者」

としてのカメラアイが絶えず要請される。そして、その画面には見えない（映らない）カメラアイの視線は、同時に映画内世界の物語にスムースに没入するぼくたち観客自身の視線でもある。本来の映画＝スクリーンの「画面」とは、以上のように、画面にとっての「見える（映る）もの」と「見えない（映らない）もの」との区別が大きな特徴として備わっていた。

「切り返し」が存在しないZｏｏｍ画面の21世紀性

そうすると、Ｚｏｏｍなどのウェブ会議アプリの「画面」が、確かにその映画の画面とはまったく対照的な性質を持つことは明らかである。先に見たように、その「画面」には原理的に画面に見えない（映らない）「欠如」の領域が存在しない。

その性質をもっとも端的に象徴するのが、これは映画の例ではないが、大山顕が注目する、スマホやInstagram、TikTokの「自撮り」（selfie）である。「写真におけるほんとうの革命は「自撮り」だと今は思う。写真論の根底には何よりもまず「撮る者」と「撮られる者」の対置があった。［…］しかし自撮りにはそれがない。［…］撮る人と撮られる人が一体になったときに発生する腕を伸ばすという動作が、撮影における物理的な距離の必要性をぼくに気づかせた」（『新写真論――スマホと顔』ゲンロン、60、69頁）。現代の写真（それはインスタの「動画」でも変わらないが）の画面＝客体は、本来は見えなかった（映らなかった）はずの撮影者＝主体までを画面に映し出す。

それはカメラ＝客体が撮影者＝主体の「手」によって握られ（触られ）ているからだ。

そして、それは『8日で死んだ怪獣の12日の物語』のＺｏｏｍ画面も体現している。繰り返すように、その会話の「画面」には「切り返しショット」（構図逆構図）が存在しない。すべてのショットは一度にひとつの「画面」上にペタッと露呈され、すべて「見える（映る）もの」となっている。つまり、ここでは従来の映画理論が考えていた20世紀的な映画＝スクリーンを支えるシステムは機能していない。ちなみに、これは第1章でも触れた、かつて東が名づけた「超平面性」の性質そのものだ。

また、大山に倣ってスマートフォンの機能でもうひとつ例をつけ加えれば、いまのスマホのインカメラは、自撮り撮影用に画像（レンズ）が回転扉のように１８０度反転する機能がついている。この仕様も、ぼくたちがよく見慣れた切り返しショットとは大きく異なるものだろう。ここには明らかに何らかの構造転換がある。たとえば、ぼくは以前、切り返しショットのようにカメラアイの人称性が編集によって区別されず、たとえば『アベンジャーズ』（２０１２年）のようにカメラアイ＝人称がワンショットのなかでシームレスに切り替わる現代のカメラアイやカメラワークの特性を、文芸批評家の渡部直己が現代小説のなかに見出す「移人称」（『小説技術論』）と類比的に論じたことがあるが（拙稿「映像メディアと「ポスト震災的」世界」、限界研編『東日本大震災後文学論』南雲堂所収）、こうした事態も以上の構造転換と無関係ではないはずだ。

『Ｚｏｏｍ東京物語』が示した「画面」の映画史

じつは、こうした昨今のＺｏｏｍ画面の特異さと映画の画面との関係を、図らずも（？）批評的に捉え返してみせた動画がある。映像作家、脚本家で、リモート演劇も手掛けている森翔太が２０２０年4月28日にTwitterで公開したショート動画『Ｚｏｏｍ東京物語』（２０２０年）である。

この動画は、そのタイトル通り、小津安二郎監督の古典的名作『東京物語』（１９５３年）のフッテージを利用した巧みなパロディ作品で、この映画の笠智衆、東山千栄子、原節子、香川京子などの登場人物の切り返しショットを抜き出し、それらをＺｏｏｍ風の画面に当てはめたものである。すなわち、笠や原の会話シーンが、デスクトップのＺｏｏｍ画面上に分割されて映し出され、その中では森自身もＺｏｏｍ画面に登場し、彼らと会話を試みようとしたり、チャットで話しかけてみたりしようとする。

この1分あまりのささやかな動画に森が込めた企みとは、小津が、いわゆる「正面からのバストショット」や「交わらない視線」という通常の古典的映画の規範から逸脱した特異な切り返しショットを駆使したことで有名な映画作家であり、その演出が（アフターコロナの）今日の視点から振り返ったとき、Ｚｏｏｍの画面とじつによく似ているという点にあるだろう。映画史において小津の切り返しショットは、20世紀に体系化された一般的な切り返しをラディカルに揺るがす特異なものだった。森の『Ｚｏｏｍ東京物語』は、それをアフターコロナの21世紀的な「インターフェイス／タッチパネル的画面」とシニカルに接合してみせることによって、その両者が担っている歴史的意味を異化しつつマーキングしたのだ。

デジタルデバイス、コロナウイルスの隠喩としての「怪獣」

以上のように、Ｚｏｏｍ映画としての岩井の『8日で死んだ怪獣の12日の物語』の画面が示しているのは、通常の映画的な「画面」＝スクリーンとは異なる、新しいタイプの「画面」である。

そして、その「画面」は、スマートフォンの自撮りのように、あるいはまさにズーノーシスとしての新型コロナウイルスのように（！）、ヒト＝主体と画面＝客体が何の距離や媒介物もなくくっつき合い、ひとつの「見える（映る）もの」として一体となって相互交渉し合う場を組織している。かつての切り返しショットの画面では、切り返されるふたつの映像（ショット）は、はっきりと対立関係にある。しかし、Ｚｏｏｍの会話映像の分割画面は対立がない。そしてその場の渦中で、本来はイメージを観る主体＝観客の側も、反対にイメージを映し出す客体＝画面の側も、互いが互いに影響を与え合い、その「かたち」を可塑的に変えながら、主体／客体、人間／モノ、あるいは一／多、部分／全体……といったあらゆる対立図式を不断に中性化していくのである。

　たとえば、『8日で死んだ怪獣の12日の物語』のなかで、それをもっとも鮮やかにかたどっているのが、ほかならぬ主人公たちが育て、その成長プロセスを記録する奇妙な「怪獣」たちの姿だろう。すでに触れたように、その「怪獣」たちは彼ら／彼女らの掌のなかで摘まれ、握られ、転がされ――まさにタッチパネルの画面のように……あるいはデジタル映像やアニメーションのように！――そのたびごとにグニュグニュウニウニとその「かたち」を柔軟に変え続ける。そしてそれは、物語終盤では突然、主人公の顔に張りつき、それがきっかけとなって主人公＝人間の意識の側にもある決定的な気づきをもたらすのだ。その意味で、この怪獣は、本作のＺｏｏｍ画面そのものの隠喩としても機能しているのである。

　そして、以上のような21世紀のさまざまな新しい映像環境に支えられる形で、ぼくたちの時代の映画やアニメーションには、「明るい画面」がいたるところに広がっているのだ。

第3章　現代映画の「暗さ」と接続／断絶の問題

現代の「明るい画面」と「暗い画面」の関わり合い

第1章で、ぼくは現代の映画やアニメーションには、それまでにはない「明るさ」が宿っていると述べた。

しかし、「光」は「闇」が濃いほど、より明るく輝くものである。この章で扱うのは、「21世紀映画の暗い画面」だ。21世紀の映画において、おそらく「明るい画面」と「暗い画面」のふたつはじつは表裏一体の関係にある。確かに、現代映画に見られるこのふたつの「画面」はそのはっきりとした明暗の印象の差において異なったものとして区別される。また、両者の差異は視覚的要素ばかりではない。たとえば、前章で見たように「明るい画面」は単に見た目が明るいというだけではなく、これまではつながっていなかったり、何かに隠れて片側からは見えなかったりしたものたちが融通無碍に接し合うことによって、その表層をすべて白日のもとに晒すという特徴も意味していた。しかし、この章で見ていくように、「暗い画面」はそれとは対照的に、数多の存在が孤独に隔絶され、その姿を人目から隠すような様子を映し出す。このように、両者はその画面が見せる作用にも明確な違いがある。

だが、他方で両者が示す別の特徴は、いわば現代の文化や社会に急速に広まっている重要な要素を共通の土台としている。ひとつはデジタル化の影響である。そしてもうひとつは、近代的な「人間」を中心にしたものの見方を変革しつつある昨今の世界観との親和性だ。そもそも前章で記したように、「明るい画面」はヒトとヒトでないモノが相互に交わり合うようなインターフェイスに基づいている。これも、人間中心的なあり方からの変化のひとつだ。だからこそ、このふたつの対照的な「画面」自体もまた、ときに対立しながらも、お互いがお互いを含むようにして存在している。このことについて、この章では明らかにしてみたい。

そして、その「暗い画面」は、「Z世代」と呼ばれるような現在の若い世代の感性の本質をも映し出しているように思える。

現代映画に溢れる「暗い密室の画面」

まず、そのときに注目してみたいのが、現代映画に氾濫する「密室」のイメージである。コロナ禍のなかで記録的な大ヒットを飛ばし、19年間、国内映画の歴代興行収入トップを誇った宮崎駿監督の『千と千尋の神隠し』（2001年）の記録を更新したばかりか、国内史上初の映画興行収入400億円超えも達成したアニメーション映画『劇場版 鬼滅の刃 無限列車編』（2020年）が夜の闇を疾走する汽車の車両の内部がおもな舞台となった物語だったように、2020年は、薄暗い「密室」が印象的な舞台となる映画が多く公開された。思えば、『8日で死んだ怪獣の12日の物語』をはじめとするZoom映画もまた、密室空間を舞台にした物語だといってよい。

たとえば、そのなかの一本が、深田晃司監督の『本気のしるし〈劇場版〉』（2020年）である。2020年の東京国際映画祭でも特集上映が組まれるなど、いまもっとも注目される監督である深田の新作は、2019年の秋に地方局で放送された全10話のテレビドラマを劇場用に再編集した4時間に迫る大作であり、コロナ禍で中止となった2020年のカンヌ国際映画祭オフィシャルセレクションにも選出された。

物語は星里もちるのマンガが原作。職場の先輩（石橋けい）と曖昧な関係を続けつつ後輩OL（福永朱梨）にも好意を向けられている優柔不断な会社員の辻一路（森崎ウィン）が、とある夜にひょんなきっかけで命を助けた葉山浮世（土村芳）という謎めいた女性に次々と人生を翻弄されていくという恋愛サスペンスだ。もともとがテレビドラマとして撮られた作品としては異例なほど、長回しやロングショットが多用されている点は、すでに多くの指摘がある。また、ある夜、浮世をマンションの自室に招き入れた辻がベランダから下を見下ろすと、彼女の夫を名乗る葉山正（宇野祥平）を見つけ、すぐさま地上の駐車場に降りて怒鳴りかかる様子を、ベランダに据えられたカメラが、そのままの位置から静かにまなざす身のすくむような緩慢なズームも忘れ難い。これなどは、深田が意識したというハードボイルドで、どこかシュールなテイストを画面に添えている。

ただ、ぼくがある意味でそれ以上に気になったのは、物語の全編を通して続く、本作の「画面の暗さ」である（これも通常のテレビドラマ的な画面からは程遠い）。物語のオープニングの、主人公が列車の迫る踏み切りの線路に立ち止まるヒロインを救う夜のシーンから、映画はいずれのショットも照明を抑えた人物のシルエットにグレーがかった影が差す暗い空間で構成されているのだ（実際、その後も本作では夜のシーンが目立つ）。

そして、その理由のひとつはすでに触れたように、この大作が多くのシーンを、主人公の職場や自室、コンビニといったさまざまな室内空間に配置していることに由来している。そして、その室内空間の内部で単独に、あるいは誰かと一緒に閉じ籠る登場人物たちは、互いに切り離された絶対的に孤独な時空に置かれているように見える。たとえばそれは、主人公とヒロインが出会う最初のシークエンスにおいて、彼女が踏み切りで立ち往生するレンタカーのなかに閉じ込められているイメージで、決定的に暗示されていたものでもあるだろう。

そしてその後の物語でも、浮世は不思議な魅力で辻を翻弄しつつ、次々と周囲に嘘をつきながら突然目の前から消え去り、ふたたび現れたかと思えば、怪しげな男たちに借金を抱え、子連れの男と暮らす既婚者であり、さらには過去に別の男と心中未遂も起こしていたという、衝撃的な事実が明らかになっていき、辻とぼくたち観客をどこまでも唖然とさせる。まるでフィルム・ノワールのファム・ファタールを体現するかのような浮世の存在は、あたかもすべてのモノを引き寄せ飲み込みながらも、決してその内部が窺えない巨大なブラックホールを思わせる。また、そんな彼女を中心に、辻と関係を持つ先輩社員の細川尚子と後輩社員の藤谷美奈子、浮世の元恋人の峰内大介（忍成修吾）、そして浮世に金を貸したヤクザの脇田（北村有起哉）にいたるまで、『本気のしるし〈劇場版〉』の登場人物たちは、誰も彼もが他人には容易に窺い知れない部分を抱え、あるいは彼ら同士のコミュニケーションは絶えず阻害され、裏切られていく。

その意味で、『本気のしるし〈劇場版〉』に頻出する薄暗い密室の数々は、彼らの存在の精巧なレプリカであり、そのそれぞれが「窓」を持たない「モナド」（ライプニッツ）なのだ。だからこそというべきだろうか、この映画では、主人公の辻をはじめ、登場人物たちがとにかくよく走る。誰かのもとに追いつこうと、事実を確かめようと、さまざまな理由から全力で疾走する彼らの姿を深田のカメラは縦横に追いかけ続けるが、逆にいえば、それは彼らが絶対的な孤絶の時空に閉じ込められていることの証左だろう。

孤独な「暗い密室」の氾濫

そしてじつをいうと、ここでぼくがまとめたような印象は、ここ最近に公開（配信）されたほかの映画でも多かれ少なかれいくつか見られるものだ。

わかりやすいところでは、深田とほぼ同世代といってよい（4歳違い）三宅唱監督のNetflix配信オリジナルドラマ『呪怨：呪いの家』（2020年）がそうだった。若いラッパーたちが狭い部屋（密室！）のなかでヒップホップのトラックを制作するプロセスを記録した短編『THE COCKPIT』（2014年）も印象的な、この気鋭の監督が手掛けた人気Jホラーシリーズのスピンオフでもある新作では、やはり物語は薄暗い一軒の家屋（密室）がおもな舞台となるのだ。

あるいは、同じような「薄暗い密室」と孤絶するひとびとのイメージは海外の作品にも広く認められる。たとえば、世界的に軒並みヒットしたクリストファー・ノーラン監督の新作『TENET テネット』（2020年）でもノーランの映画の代表的な符牒となっている「密室」がやはり物語の軸を担う時間逆行装置として主人公たちを闇に閉じ込める役割を果たしていた。そして、これまた数々の「部屋」を撮り続けてきたペドロ・コスタ監督の新作『ヴィタリナ』（2019年）。この映画でもまた、夫を失ったことを遅れて知らされる主人公の女性ヴィタリナ（ヴィタリナ・ヴァレラ）は、アフリカのカーボ・ヴェルデからリスボン近郊のスラム街フォンタイーニャス地区の夫が借りていた家に移り住み、作中でそこからほぼ出ることがない。映画は、『本気のしるし〈劇場版〉』や『呪怨：呪いの家』のように、深い漆黒の闇に包まれた部屋のなかのヴィタリナの姿を終始、細く差し込む鮮烈な光とともに写し出す。彼女は石造りの窓に嵌められた鉄格子の網目から鋭いまなざしで外を見据える。ここでもまた、周囲から隔絶した密室とその内部の人間がモナドのように硬く凝固しながら、外部から自らの存在を閉ざしているのだ。

それから、第1章でも取り上げたサム・メンデス監督の戦争映画『1917』も「暗い画面」を伴ったある意味「密室」の映画と呼べるだろう。劇中、漆黒の闇と化した夜の戦場を主人公の兵士ウィル（ジョージ・マッケイ）がたったひとりで彷徨う姿は、『ミッドサマー』の「明るい画面」とはまったく対照的な、周囲から孤絶した密室のような場所に放り込まれた人間を寡黙に写し続ける「暗い画面」である。

そう、それらのイメージはしいて喩えるなら、グローバルな交通が制限され、ぼくたち一人ひとりが自分たちの空間に閉じ籠ること（stay home!）を強いられたコロナ禍の「新しい日常」を図らずも律儀に反復してしまっているようにも見える。

「プロセスの映像文化」と「ワークショップ映画」の台頭

個々に分断されモナド化した「密室」に自閉する21世紀の「暗い画面」の映画たち。ぼくたちは、この「画面」をどのように理解すべきなのだろうか。おそらく必要な作業は冒頭でも述べたように、この「暗い画面」の隣に、第1章で見てきた「21世紀的な明るい画面」を並べてみることだろう。ここで議論の補助線として導入したいのが、第1章でも問題にした現代映画と結びつく、2000年代後半以降に社会的に台頭してきたさまざまなソーシャルメディアがもたらした影響である。知られるように、TwitterやLINE、Instagramといった SNSは21世紀のわたしたちのコミュニケーションのあり方を大きく変えていった。いままで容易につながらなかったものを接続させることを可能にした一方で、その時間的・空間的な距離感覚の喪失から無数のコンフリクトを社会のいたるところで生み出すようにもなっている。そうしたコミュニケーションツールの浸透が、映画文化や個々の映画作家の表現に与える影響はけっして小さくない。

たとえば、ぼくは現代のデジタル化し、ネットワーク化した映画や映像文化の物語や制作スタイルに特有の秩序を、「プロセスの映像文化」と名づけて論じてきている。

映画からアニメーション、演劇、ロックバンド、ダンス……ジャンルは違えど、こうしたなんらかの「ものづくりのプロセス」を丹念に描き、しかもその作品のつくり手たち自体もしばしばインディペンデントでアマチュアな状況にある――つまり、「完成」や「成熟」にいたるプロセスにある――という作品が、2010年代以降の映像文化の重要な一角を占め始めているのである。（拙稿「『映像研には手を出すな！』と「プロセス」を描く映像文化」、INSIGHT美術手帖、2020年）

そこでぼくが具体的な例として挙げたのは、濱口竜介監督の『親密さ』（2012年）や『ハッピーアワー』（2015年）、富田克也監督の『バンコクナイツ』（2016年）、鈴木卓爾監督の『ジョギング渡り鳥』（2015年）や『嵐電』（2019年）、そして三宅監督の『THE COCKPIT』など。さらに、そのもっともメジャーなタイトルとして、社会現象にまでなった上田慎一郎監督の『カメラを止めるな！』（2017年）が挙げられることはいうまでもない。また、1990年代から事前に脚本を用意せず、俳優やスタッフとの絶え間ないディスカッションで映画を作るという独特の演出スタイルをとってきたことで知られる諏訪敦彦監督の作品もここに含まれるだろう。

ぼくはまた、これらの映画を「ワークショップ映画」とも呼んだ。それは、どれも演劇公演や映画制作プロセスなどのワークショップ的なシチュエーションが作品の重要な核として描かれている点に特徴があり、なおかつ作品そのものが映画学校のワークショップや大学の映画学科の修了制作など、何らかの意味でインディペンデント（アマチュア）なワークショップ的文脈に基づいて制作されてもいるという二重の構造を備えているのである。こうしたワークショップ映画が２０１０年代に入ってから、明らかに目に見えて映画界の一角で台頭してきた。作品であれコミュニティであれ、何らかの「かたち」が生成するプロセスそれ自体をまるごと描くというワークショップ映画の台頭は、やはりまずは現代のデジタルネットワーク環境の浸透が前提に考えられるだろう。かつてニコニコ動画などの動画プラットフォームが「永遠のβ版」と呼ばれたように、物質的な支持体の形状を持たないデジタルデータで作られるコンテンツは、「完成品」としての確固とした輪郭や終着点を原理的に持ちえない。いわばそれらはいつまでも生成の途上＝プロセスにあるものである。現代のワークショップ映画は、こうしたデジタル映画の「運命」をモティーフとして的確にかたどっているのである。

２００７年の世代

さらにぼくは、こうしたワークショップ映画のひとつの起源を、かねてから２０００年代後半の２００７年前後に見出している（２００７年前後にカルチャーの大きなパラダイムシフトがあったという言説自体は、文化批評の領域ではすでにわりとある）。

この時期の前後、日本映画の一角では１９７０～１９８０年代生まれの、当時20～30代だった若手映画監督たちによるインディペンデント映画が大きな盛り上がりを見せ始めていた。たとえば、それはすでに触れた濱口や三宅、富田（もしくは映画制作集団としての「空族」）だったり、それから石井裕也、真利子哲也、入江悠、瀬田なつき、横浜聡子……そして、ほかならぬ深田晃司といった新進気鋭の監督たちであった。そして、東京や大阪などの都市部のミニシアターを中心に、「ＣＯ２（シネアスト・オーガニゼーション大阪）」、「ガンダーラ映画祭」、「CINEDRIVE」、「MOOSIC LAB」、そしてぼく自身も企画・ＭＣとして関わった「CINEASTE3.0」などのインディペンデント映画関連の上映イベントや助成制度がこの前後に続々と現れ、彼らの初期のキャリアを多かれ少なかれ支えていったのである。

その意味で、ぼくは上記の映画作家たちをまとめて、かりに（蓮實重彦の「73年の世代」になぞらえて）「２００７年の世代」と呼ぶことにしている。つまり、『カメ止め』の社会現象化という形で結実した２０１０年代のワークショップ映画ムーブメント＝プロセスの映像文化のルーツは、ぼくの考えでは、もともとはこの２００７年の世代の登場にあったと捉えたほうがよい。

Web2.0との関わり

では、これらの若手映画作家たちの台頭というメルクマールが、なぜ２００７年という年（時期）だったのか。もちろん、インディペンデント映画関連の文脈では、たとえばまさに上田が『カメ止め』をその修了制作として手掛けたENBUゼミナールをはじめとする映画ワークショップや各種映画教育機関の設立もそこには深く関わっているだろう。

しかし、ここでの論旨からいえば、この時期は何よりも、いわゆる「Web2.0」(ティム・オライリー)というバズワードで喧伝されたICTの広範なパラダイムシフトに重なっていたという事実に注目すべきだろう。ご存じの読者も少なくないはずだが、この2007年の前後には、iPhone(スマートフォン)やKindleといったモバイル端末、Twitter、pixivといったSNS、ニコニコ動画、Ustreamといった動画共有サイトや配信プラットフォーム(YouTubeの登場は2005年)、そして初音ミクなどそれらと紐づいた新世代のソフトウェアが続々と登場し、「ウェブからアプリへ」「一方通行から双方向へ」といった情報環境やユーザの行動様式の構造転換が一挙に進んだ。こうした文化表現を支える下部構造(インフラ)の巨大な地殻変動、とりわけYouTubeやVimeoといった新たな動画プラットフォームの台頭が、若い世代のインディペンデント映画をめぐる文化圏の形成にとって大きな役割を果たしたことは間違いない。

同時代的な並行性と「明るい画面」

そして、この2007年のパラダイムシフトは、じつはほかならぬ「明るい画面」の登場にも大きく関わっている。

実際、実写映画以外にも眼を向ければ、2007年は、アニメーションの世界では、「明るい画面」の旗手である新海誠が、のちの歴史的大ヒット作『君の名は。』（2016年）のルーツ的作品のひとつともいえる初期代表作の『秒速5センチメートル』（2007年）を発表した年でもあった。よく知られるように、新海もまた、彼の出世作となった2002年の短編『ほしのこえ』ではデジタルソフトウェアを駆使したインディペンデントアニメーションの文脈で評価を確立したのち、2010年代にメジャー化したという経緯をたどっており、じつは先ほどの「2007年の世代」のキャリアとよく似ている（実際、土居伸彰は、この時期の前後、2007年の世代に含まれる実写映画の作家たちとインディペンデントアニメーション作家たちの作品を合わせた上映会を開催しており、過去にぼくとの対談でも両者の並行関係を認めていた）。

また、さらに興味深いのは、2007年の世代に象徴される、こうしたインディペンデントシーンの潮流が何も日本の映画界にだけ起こっていたのではないようにも思えることだ。たとえば、2000年代初頭からニューヨークの若手インディペンデント映画シーンで台頭した映画運動の動向として知られる「マンブルコアMumblecore」もその代表的な例のひとつとみなせるだろう。ノア・バームバックやグレタ・ガーウィグをはじめとするマンブルコア作品の特徴は、おもに20代の若者を主人公にした日常的な物語を素人俳優と口語的な演技で描くところに特徴があるとされ、現代日本の2007年の世代と連動的な動向とみなすことができる。さらにいえば、デジタルカメラを駆使して撮られた『ヴァンダの部屋』（2003年）以来、やはり非職業俳優を起用し、彼らとの独特の相互交渉（コミュニケーション）のなかで作品を作り続けてきた先のコスタの映画もまた、どこかこうした流れと共鳴するところがあるだろう。

ともかく、これらのおもにインディペンデントな制作環境を基盤とし、またそれゆえに同時代のデジタル・ネットワークメディアの社会的浸透を背景として現れた新たな映画文化の潮流は、２００７年あたりにその萌芽を見せ始め、２０１０年代にかけてぼくのいうワークショップ映画やプロセスの映像文化（あるいは映画批評家の三浦哲哉の言葉でいえば、彼が『『ハッピーアワー』論』［羽鳥書店］で提唱している「震災後の映画」）として一挙に台頭してきた。

そして、Web2.0以降の時代の代表的作家と目される新海のアニメーションの画面はあたかもInstagramの画像のようにキラキラと明るい。すなわち、２００７年の世代からプロセスの映像文化にいたる21世紀の映画やアニメーションの重要な作品群は、この新海にせよ、あるいはＪ・Ｊ・エイブラムスにせよ、ひとしなみに「明るい画面」を目指してきたといえる。

ところが、ポストコロナの映画たちは、どこかそうしたこれまでの「明るい画面」の作品群とは対極的な「暗い画面」をぼくたちに見せ始めてもいるのだ。

コミュニケーションの接続と断絶

では、以上に俯瞰した２００７年以降の推移を深田のフィルモグラフィを例に、もう少し具体的に眺めていきたい。

まず注目しておきたいのは、すでに触れたように、深田もまた、その映画監督としてのキャリアを、ワークショップ的状況を活用した「プロセスの映画作家」として開始したという事実だ。深田は映画監督としての活動初期から劇作家・演出家の平田オリザが主宰する劇団「青年団」に所属しており、劇団に所属する俳優たちを多数起用しながら、とりわけ初期作品では彼らとのインディペンデントなワークショップ的環境のなかでも創作を行ってきた（『本気のしるし〈劇場版〉』でも青年団の常連俳優が出演している）。

そのためというべきか、これまでの深田の映画の多くは、物語世界の設定においても、また作品そのものの作られ方においても、どちらかといえば、孤絶よりは連鎖、断絶性よりは連続性（ないしは連帯）に主眼が置かれてきたといえる。

前作『よこがお』（2019年）は、限定された登場人物たちがいびつな実存的抽象性を感じさせるシルエットを湛えていた点で本作の人物表現を早くも窺わせる要素があったが、他方で、筒井真理子演じるヒロインが甥の犯罪行為によって深刻なメディアスクラムに陥っていく過程は、まさに（ウイルスのように！）彼女をめぐるステレオタイプのイメージが社会全体に波及していく流れを描き出していた。あるいは、インドネシアを舞台に海に流れ着いた正体不明の男（ディーン・フジオカ）が多言語を操りながら島に暮らす日本人や現地人と人種や国籍を超えて関わり、不可思議な出来事を起こしていく『海を駆ける』（2018年）にせよ、また、印刷所を営む家族のもとに訪れたこれまた謎の男（古舘寛治）がきっかけになり、家庭内にさまざまなひとびとが雪崩れ込んでくる混乱を戯画的に描いた初期の傑作『歓待』（２０１０年）にせよ、これまでの彼の作品群ではおうおうにして「コミュニケーションが不断に連続していくこと」がドラマを駆動する大きな要素になってきた。

深田の映画はどれも、何らかの親密圏ないし公共圏に外部からある例外的な「異物」が混入することで、制御不可能な混乱がどんどん悪無限的に増殖＝連鎖していくプロセスを悲喜劇として描き出すことにおいて共通しているといえるだろう。それゆえ、新作の『本気のしるし〈劇場版〉』でも、その「異物」的な存在はいうまでもなく浮世というキャラクターに依然として認められるわけなのだが、一方でそこで起こるサスペンスや悲喜劇は、今回はむしろ浮世と周囲の登場人物が決定的に離れ、すれ違ってしまうという局面にこそ起因している。つまり、『本気のしるし〈劇場版〉』における物語世界や登場人物たちのこうしたたたずまいは、これまでの深田作品を振り返ると、総じて異質なように思えるのだ。作中の物語のレベルで無数の孤独なモナドがタコツボ的に分散した『本気のしるし〈劇場版〉』は、以前のような深田の世界から一歩踏み出しているように思われた。

「暗い画面」を取り巻くダークな思想群

「明るい画面」と「暗い画面」。コミュニケーション＝プロセスの連鎖とモナド的な孤絶。あるいは、2010年の『歓待』と2020年の『本気のしるし〈劇場版〉』。

コロナ禍に曝される昨今の映画をざっと眺めるとき、それはさしあたり以上のような見取り図として整理できる。では、こうした現代映画の変化をぼくたちはどのように捉えればよいのだろうか。ここではよりパースペクティヴを広げて2010年代から日本でも注目されてきた一連の「ポストヒューマニティーズの哲学」の問題系を参照しながら考えてみたい。

ところで、画面の「暗さ」といえば、読者のなかにはこれらの思想的文脈ともごく近い、近年脚光を浴びているいくつかの思想的動向をすぐに連想したかたがたもいるかもしれない。

まずひとつは、アメリカの哲学者アンドリュー・カルプがジル・ドゥルーズの哲学について記した2016年の著作『ダーク・ドゥルーズ』（河出書房新社、大山載吉訳）である。カルプの本書での主張をここでの論旨に沿って要約することは難しいが、関連する部分だけ取り出すならば、ここでカルプは従来のドゥルーズ哲学解釈が描くリゾーム（領域横断）的かつ生産的な接続や連続性のイメージを否定し（彼はそれを「繋がり至上主義」と名づける）、破壊や憎しみといった「闇のドゥルーズ」を対置する。「喜びのドゥルーズ」と彼が呼ぶドゥルーズ思想の「繋がり至上主義」を批判するその態度は、繰り返すように、「つながり」や連続性に断絶や非連続性を対立させようとする深田やコスタの「暗い画面」の映画と呼応しているように見える。ちなみに、こうした『ダーク・ドゥルーズ』の観点は、哲学者の千葉雅也のドゥルーズ論『動きすぎてはいけない――ジル・ドゥルーズと生成変化の哲学』（2013年）とも重なる（千葉は本書の邦訳の帯文を手掛けている）。この千葉の本もまた、接続過剰な現代情報社会を裏書きするかのようにリゾーム的な逃走線を描く従来のドゥルーズ像に対して、「動きすぎてはいけない」節制と切断のドゥルーズ像を突きつけたのだった。

さらにもうひとつつけ加えれば、まさにそのカルプが批判の槍玉に挙げている「暗黒啓蒙」である。暗黒啓蒙とは、イギリス出身の著述家でブロガーのニック・ランドが2012年にウェブに発表し、いわゆる「加速主義」や「オルタナ右翼（オルタ・ライト）」に大きな影響を与えたといわれる主張だ。また、『ダーク・ドゥルーズ』と同様、暗黒啓蒙もこのあと紹介するポストヒューマニティーズの哲学の代表的な潮流である「思弁的実在論」と深く関係していることでも知られている。暗黒啓蒙とは文字通り自家撞着めいた名称だが――そもそも「啓蒙enlightment」とは「暗闇が光lightで照らされること」を意味するので――従来の近代的な啓蒙主義へのアンチテーゼを掲げた反民主主義的で反動的な動きである。暗黒啓蒙にインスパイアを与えた決済サービス「PayPal」の創業者ピーター・ティールによれば、2001年の「9・11」（アメリカ同時多発テロ事件）によって近代西欧のさまざまな「啓蒙」のプロジェクト（リベラル民主主義、人権主義、ヒューマニズム……）は完全に潰えたという。このティールの考えを受け継ぎ、反民主主義的な右派リバタリアンの態度を掲げるのが、ランドの暗黒啓蒙である。

　また、このランドが代表的論客とされる現代の社会思想に加速主義がある。加速主義については、ぼくも本書所収の『天気の子』（2019年）公開時のレビューでごく簡単に触れたことがあるが、これは、2008年のリーマン・ショック後、資本主義に対する新たな戦略として打ち出されているもので、現代の資本主義システムに根本的な変革をもたらすために、むしろ資本主義の暴力的な力を脱領土化しより加速させることで、資本主義を自己破壊に導き、その「出口」（イグジット）を目指そうとするリバタリアン的な立場だ。これら暗黒啓蒙にせよ、その別称としての「新反動主義」にせよ、加速主義にせよ、ドナルド・トランプの支持者（オルタナ右翼）の思想的基盤となったこともあり、2010年代を通じて注目を集めていた。

　ちなみに、『ダーク・ドゥルーズ』でカルプは、「[註：〈外〉へといたる]プロセスを十分に考慮していない」（『ダーク・ドゥルーズ』89頁）という点で「全ての加速主義」を否定しているのだが、かつて下流社会の少年少女が生きる「ダーティな東京」を描いた『天気の子』に加速主義との親近性をぼくが認めたように、これらの2010年代の「暗い思想」は「暗い画面」の映画ともどこか結びついていることは考慮しておいてもよいと思う。

ポストヒューマニティーズの哲学との関係

ぼくはこれまで、ワークショップ映画やプロセスの映像文化などと概念化してきた2010年代の映画のパラダイムを、近代以降の人間中心主義を脱し、人間以外のモノ（オブジェクト）に注目してそれとの人間の関係性を考える21世紀のポストヒューマニティーズの哲学と関連づけながら考えてきた。たとえば、そこでおもな手掛かりとしてきたのは、ミシェル・セールやカトリーヌ・マラブー、ベルナール・スティグレール、ブルーノ・ラトゥール、エリー・デュリング、そしてジルベール・シモンドン……といった現代フランスの哲学者たちの思想であった（第2章で触れたアクター・ネットワーク理論もそのひとつだ）。その成果は近著『新映画論　ポストシネマ』（ゲンロン）にまとめた。

彼らの哲学はいちように、あるひとつの共通点を持っている。それは、複数の競合的に動くアクターたちの相互干渉的なコミュニケーションのネットワークを通じて、とりあえずの「かたち」を目指す何かが組織されるプロセスに注目するという姿勢である。つまり、それはセールやマラブーがキーワードにする「可塑的《かそてき》plastic」な状態と深く関わっている。スティグレールらに影響を与えたシモンドンが、「粘土は単に受動的に形成されうるばかりではない。コロイド状であるがゆえに粘土は能動的に可塑的なのである」（『個体化の哲学――形相と情報の概念を手がかりに』近藤和敬ほか訳、法政大学出版局、37頁）と述べたように、彼らがしばしば例に持ち出す粘土や煉瓦は外側から圧力を加えられつつ内部にこもる反発力がその力を受け止め、内外の両者がせめぎあうことでグニュグニュと絶え間なく変形を続ける。これが可塑性《かそせい》だ。そして、続けてシモンドンが「粘土を準備することは分子が均等に配置されているこの状態を作りだし、この連鎖上の配列を構築することである」（同前）とするように、この可塑的なプロセスは「個体化individualisation」を目指してダイナミックに次々と後続して連鎖していくことになる。

また、こうしたセールやマラブーの可塑性の哲学、シモンドンの個体化の哲学は、現代のデューリングの思想が典型的であるように、デジタルメディアやコンテンツ、またアニメーションととても相性がよい。複数のユーザ（アクター）が既存の動画を可塑的に作り替えてアップするウェブの映像や、殴っても落ちてもゴムのようにかたちが変形するカートゥーンのキャラクターたちの身体は、まさにこうした哲学が打ち出すイメージを具体的になぞっているからだ。したがって、ぼくもこれらの言説を自分の映画批評やアニメ論の議論にしばしば参照してきた。

「プロセスの哲学」としてのホワイトヘッド

しかし、ここでそれら以外にもうひとつの重要な補助線を持ってくるとすれば、――「プロセスの映像文化」という言葉の選択でなんとなくお気づきの読者もいるかもしれないが――いわゆる「プロセス哲学」や「プロセス神学」という学問の生みの親であり、今日のポストヒューマニティーズの哲学の文脈からその存在がふたたび脚光を浴びている20世紀前半イギリスの数学者・哲学者、アルフレッド・ノース・ホワイトヘッドの形而上学である。

後期の主著『過程と実在』（1929年）で「有機体の哲学」という名称で体系化されたホワイトヘッドの思想は、ひとことでいえば、宇宙全体を含むこの世界を、あらゆる存在が相互に関係しあい、それらが連続的かつダイナミックにつながりあうプロセスとして捉えるという考え方だ。

ホワイトヘッドが一貫して主要な論敵とするのは、彼が「実体の哲学」と名づける立場である。実体の哲学とは、デカルトを典型とする近代西洋哲学に主流の考え方で、文字通り存在を実体とみなし、それ以外の存在との関係を必要とせずそれ自体で自立的に捉えられるとするものである。しかしホワイトヘッドは、通常はそのように、それぞれが実体として分断して捉えられてきた人間とモノ、動物、機械、木や石、電子などのあらゆる存在者（ホワイトヘッドの用語では「現実的存在actual entity」）が絶えず流動し、相互に関係しあいながら有機体のように連続的に成り立っていると考える。ホワイトヘッドによれば、宇宙のあらゆる現実的存在たちは、絶えずほかの、または過去の消滅したあらゆる現実的存在を自らの構成要素として連続的に吸収していき、その生成プロセスにおいて固有の存在者となっていく。

現代に甦るホワイトヘッド思想

いうまでもなく、こうしたホワイトヘッドの世界観は、濱口の『親密さ』から富田の『バンコクナイツ』、三宅の『THE COCKPIT』まで、2010年代のプロセスの映画＝ワークショップ映画のモティーフや構成要素とその形式においてきわめて重なるところがある。それは、深田の『歓待』であらゆる人種のいかがわしい闖入者たちが互いに輪になって部屋のなかで踊り狂うシーンで示されたようなフラットな連続体を形成しているのだ。ちなみにいうと、このほかの存在者の働きを後続の存在が自己の基盤として取り込み続ける関係的な作用を、ホワイトヘッドは「掴むこと」を意味するラテン語に由来する「抱握《ほうあく》prehension」という用語で定義している。ここで彼が「手」（触覚）の隠喩を用いている点は、前章のタッチパネルの性質とも通じているようで示唆的である。

ともあれ、北米の哲学者で映画理論家でもあるスティーヴン・シャヴィロが論じるように（『モノたちの宇宙――思弁的実在論とはなにか』上野俊哉訳、河出書房新社）、形而上学批判と言語論的転回が席巻した20世紀の西洋哲学にあって、まったく反対に、形而上学とモノとの関係を強調し、なおかつ実体の哲学を批判し続けたホワイトヘッドは、長らく哲学史ではマイナーな存在だった。しかし、まさに近代以来の人間中心主義や言語中心主義の考え方に強い疑いが差し挟まれ、異常気象とAIとコロナウイルスの時代に、むしろ人間と人間以外の有象無象のオブジェクトとの相互関係の諸相にスポットが当てられる2000年代以降のポストヒューマニティーズの哲学――とりわけ新しい実在論やオブジェクト指向の存在論といったモノとの関係をフラットに考えようとする現代思想のなかで、急速に再評価の機運が高まっているのである。

「モノのプライバシー」を擁護する現代思想

そして、そのオブジェクト指向の哲学の代表的な論者であり、ホワイトヘッドの反実在論的な側面を高く評価して自らの哲学に大きな影響を与えたと表明するのが、北米の哲学者グレアム・ハーマンである（"Response to Shaviro", in *The Speculative Turn*, p.293）。

ハーマンは、反実在論的風潮のなかで長らく実体や人間を中心に思考してきた20世紀哲学において、例外的に人間を含むあらゆるモノをフラットに捉えたホワイトヘッドを肯定的に評価する。しかしその一方で、彼はホワイトヘッドの哲学があらゆる存在を連続的に関係づけ、結びつけてしまうパースペクティヴを「関係主義」だとして否定する（ちなみにハーマンは、ホワイトヘッドの描く連続的なプロセスのイメージを映画やアニメーションのコマに喩えている）。むしろハーマンは、ホワイトヘッドとは逆に、個々の存在者を相互に決して関係しあわない断絶的な実体として捉えようとするのだ。

ハーマンによれば、個々のオブジェクトはほかの存在に対して自らの全容を披瀝することも何かに還元されることもなく、つねに完全に汲み尽くしえない秘められた「余剰」を含んでいる。そうしたあらゆるオブジェクトがほかとの因果関係から隠されている様態を、彼はハイデガー哲学を参照しながら「退隠《たいいん》withdrawal, Entzug」と呼んでいる。つまり、ハーマンの哲学は、「モノたちのプライバシー」を擁護する思想なのだ。

「退隠」する「新しい日常」の「暗い画面」？

さて、こうして見てくると、新海誠的な「明るい画面」を湛えた2010年代の「プロセスの映画たち」の支えられる秩序が、後期ホワイトヘッドのホーリスティックな有機体の哲学になぞらえられるとしたら、コロナ禍のステイ・ホームのうちに公開された『本気のしるし〈劇場版〉』や『ヴィタリナ』のあの「暗い画面」に映るモナド的な密室の数々とそこに住まう人物たちが、どこかハーマンの描き出す退隠したオブジェクトたちの闇のなかの蠢きに重なって見えてくることに気づかされる。ハーマンは、個体的実体としてのオブジェクトを「空虚な現実態vacuous actuality」だと表現しているが（*Bells and Whistles*, p.224）、たとえば夫のいなくなったあとのフォンタイーニャスの家に幽霊のようになって座るヴィタリナや、教会のなかで腕を細かく振動させながらたたずむヴェントゥーラの姿は、まさに「空虚な現実態」と呼ぶにふさわしいだろう。

「新しい日常」の映画の「画面」は、もしかするとハーマン的な私秘的なオブジェクトたちが形作る「暗い画面」を召喚しようとしているのではないか。あるいは他方で、最近、ホワイトヘッド哲学にハーマン的な「断絶」の契機を見ようとした『連続と断絶――ホワイトヘッドの哲学』（人文書院）の飯盛元章のように、むしろこの「明るい画面」と「暗い画面」の対比は推移的・相互排他的な関係ではなく、もっと複雑に競合するものなのかもしれない。これもよくいわれる通り、ハーマンの思想を代表とするオブジェクト指向の哲学や、思弁的実在論などのポストヒューマニティーズの哲学は、デジタル文化との関連を隠そうとしていない。たとえば、カンタン・メイヤスーらが主張する思弁的実在論は、彼らが批判するカント以来の近代西洋哲学を「アクセスの哲学」と呼び換えている。また、ハーマンらの提起するオブジェクト指向の哲学の「オブジェクト指向object-oriented」という用語は、さまざまなオブジェクトを組み合わせて関連性や相互作用を記述していくことによりシステムを構築していくコンピュータのプログラミング技法への目配せも含まれている。すなわち、その意味では「明るい画面」と「暗い画面」が拠って立つパラダイムは、理論的にもメディア的にも共通性があることになるだろう。性質の異なるふたつの画面は、しかし21世紀の新たな条件のもとで、まさに光と影のように互いを相補いながら多岐にわたる映画の「画面」を構成しているのだ。

第4章　現代アニメ文化における高さ＝超越性の喪失

「明るい画面」の「暗さ」――「空洞化」するデジタル画面

前章までで明らかにしたことは、21世紀の現代映画には、それまでにはない「明るい画面」が台頭しているということ。そして、それは対照的な「暗い画面」とともにあるということだ。とはいえ、前章の最後に記したように、21世紀の「明るい画面」と「暗い画面」の性質が、完全にまっぷたつに分かれるというものでもない。たとえば、「筋金入りの新反動主義者からすれば民主主義とは、たんに絶望的なものであるわけではなく、それ自体が絶望そのものであることになる。［…］そういった反政治的なものを駆動する地下水脈は、目に見えてホッブズ主義的なものであり、それ自体として一貫性をもった暗黒の啓蒙とでもいえるものだ」（『暗黒の啓蒙書』五井健太郎訳、講談社、26頁）とニック・ランドが記すように、「絶望」の感覚が明るさ＝

啓蒙のなかにも蔓延している状況に気づかされるのが現代なのだというべきだろう。

ともあれこのように、現代映画の画面を二分する「明るさ」と「暗さ」はこの時代特有の本質を共有していたりもする。

確かに、「明るい画面」特有の「暗さ」＝「見えにくさ」という逆説は、ほかのところでも見られるように思われる。ここ数年、ぼくが参照することの多い土居伸彰のいう現代アニメーションに見られる「空洞化」の議論は、このこととも関係しているはずだ。土居は、21世紀に台頭してきている新世代のアニメーションの紡ぐ物語や表現は、かつての20世紀に作られていた、ディズニーやスタジオジブリなどの伝統的なアニメーションと比較し、大きく変化してきている要素があると指摘する。

かつては一義的な意味しか持たなかったアニメーションの記号が、何も意味を持たない記号になり、それゆえにあらゆる意味付けに対応するようになる状況が目立ちはじめてきたのだ。［…］
こういった作品［註：かつての20世紀に作られていたアニメーション］の作り方の背後には間違いなく、世界はこのようにあるべきだという或る種の理想が潜んでいる。作り手自身に、強い意志で守ろうと考える思想があるのだ。［…］フレデリック・バックやポール・グリモー、そしてそれらの作家と思想を共有する高畑勲の作品がたとえばそうだ。［…］

それは、価値判断や道徳を伴っていて、具体的な現実とつながっていて、それらを理想的なものに変えんとする意志がある。

> 一方、『オー、ウィリー』［註：21世紀的な新しいアニメーション］の映像は、おそらく何も意味していないし、何の理想も隠していない。［…］
> それは、フレームの「上」での情報量の過剰を起こす。認知は豊かに蠢く表面でストップし、何が何を意味しているということを考える余裕を失わせる。（『21世紀のアニメーションがわかる本』フィルムアート社、146〜151頁、傍点原文）

まず、21世紀のアニメーションは20世紀と較べて、はっきりした理想や思想を掲げる作品がなくなってきていると土居はいう。そしてその傾向は、「画面」の印象にもはっきりと表れている。たとえば、ここで土居が例に出す細かい毛の一本一本の微細な動きまでハイビジョン映像で見せてしまうウェス・アンダーソンの人形アニメーションをはじめ、典型的には、高精細なフォトリアル表現を全面に打ち出す新海誠や京アニのインスタ映え的画面がそうだ。あるいは同じようなことは、細田守のアニメーションの異世界やネット空間の表現に見られる変化にもそれは当てはまるだろう。初期作の『時をかける少女』（2006年）や『サマーウォーズ』（2009年）で描かれたタイムリープの時空やネット空間の画面は、白い余白の多い「明るさ」が占めていたが、最新作『竜とそばかすの姫』（2021年）のネット空間はきらびやかな「明るさ」

をまといつつも、その余白をびっしりと埋めるように膨大なイメージが高解像度に敷き詰められている。それら解像度の極限にまで上がったデジタル映像は、まさにぼくたち人間＝観客にとって「情報量の過剰」（認知限界）を起こすがゆえに、逆説的にも「何が何を意味している」という「明るい」「見えやすさ」から遠ざかっていくというわけだ。つまりこれが、「明るい画面の暗さ＝見えにくさ」とでもいうべきものである。

実写映画における空洞化した「暗い画面」

とはいえ、ここで土居が現代アニメーションについて述べた事態は、じつは実写映画の世界にもはっきりとあてはまる。しかもそれは、「暗い画面」を持った現代映画にも当てはまるものだ。

事実、土居自身もまた、ぼくとの対談（「2016年の地殻変動」、同人誌『クライテリア』第2号所収）のなかで、そのことを認めている。たとえばクリストファー・ノーラン監督の戦争映画『ダンケルク』（2017年）などはそうだろう。それから、同じ戦争映画のサム・メンデス監督の『1917 命をかけた伝令』。そして、フー・ボー監督の『象は静かに座っている』（2018年）など。

先ほどの土居は、21世紀のアニメーションに起こっている変化として、「画面の空洞化」とともに、それとも通じる要素として、「私から私たちへ」というキーワードを出している。彼によれば、20世紀のアニメーションがアイデンティティのはっきりした「私」を描いていたとすれば、21世紀のアニメーションは、「「私」は深みを欠いて空洞化し、棒線画化していき、個性を失って、他の人と同じようになっていく」、「「私」よりも「私たち」と言うのがふさわしい」（『21世紀のアニメーションがわかる本』、106頁）ものに姿を変えているという。ひるがえって見た場合、『ダンケルク』や『1917』のイギリス陸軍の若い兵士たちも、『象は静かに座っている』の主人公たちも、確かに「深みを欠いて空洞化し、棒線画化していき、個性を失って、他の人と同じようになっていく」、集合的で匿名的な「私たち」と呼ぶにふさわしい存在として描き出されている。

しかもそこで重要なのが、それらの映画の画面がやはりいずれも暗くて見えにくいということだ。『ダンケルク』の掃海艇や漁船の内部に無数の兵士たちがひしめき合うシーンや、『1917』の夜の闇のなかを煌々とした炎に照らされながら主人公の兵士が走るシーンはその点で印象深い。また、『象は静かに座っている』は、早朝を選んで撮影されたというつねに薄明の灰色がかった淡い色調の風景のなかで、極端に浅い被写界深度のカメラによって手前の人物以外の人間がすべて淡く暗く背景に溶かし込まれる独特の演出が凝らされている。その結果、本作でもやはり画面は過度に空洞化／匿名化した「暗さ」をまとうことになる。

「浅い画面」の『ヒプマイ』ファンの「近づいた」受容

「明るすぎる」ゆえに「暗い」。21世紀的な「明るい画面」と「暗い画面」には、おそらくそうしたいささか倒錯した関係が成り立っている。

以下では、この「暗さ」の本質をもっと掘り下げて考えてみよう。まず、ここでの暗さというのは、第3章で論じた現代映画の「密室」のように、開けた展望が持てない見通しの悪さということも含意する。そして、それはある種の息苦しさのようなものを伴い、内面的な「暗さ」(ダウナーさ)にも通じるだろう。この「暗さ」をめぐる問題には、ぼくの考えでは映画論を超えて、現代の文化消費やファンカルチャーを考えるときのきわめて普遍的な問題が潜んでいる。

ここでぼくが注目したいのが、第1章でも論じた、あのフラットな平面的画面を持つアニメ『ヒプノシスマイク -Division Rap Battle-』Rhyme Animaである。ぼくはこのアニメをすでに「明るい画面」の代表例として紹介した。このアニメはヒップホップという音楽的リズムを作品の主要な構成要素としており、鑑賞者の身体的情動を惹起する音楽的要素が現代の映像環境では大きな意味を担うことはすでに論じた。その点に関連して、前章で、「プロセスの映像文化」を定義する際に参照したA・N・ホワイトヘッドの「抱握」概念が、まさに音楽的リズムにも通じる「律動pulse」の要素が深く関わっていることを論じた社会学者の伊藤守の議論をここで念頭に置いてもよいだろう(『情動の社会学——ポストメディア時代における〝ミクロ知覚〟の探究』青土社)。

にもかかわらず、ここで「暗さ」の例として本作をふたたび取り上げることに戸惑う読者も多いはずだ。しかしまた別の側面に注目するとき、先に記した「明るい画面」の持つ独特の「暗さ」を、このアニメの消費の実態は如実に体現しているように思うのだ。どういうことか。

アニメ『ヒプマイ』の徹底して遠近感を欠いたフラットな画面。それは、「深さ」という「距離」を欠いた画面だといいなおすこともできる。世界（外界）が自分に密着しているような独我論的――ふた昔ほど前の批評タームを使えばセカイ系的――感覚。これをある種の「密室」感覚とも呼べるだろう。

ともあれ、このアニメ『ヒプマイ』の奥行き＝立体的距離を欠落した「画面」のイメージには、映像文化に限らない、現代における文化消費の構造の特徴がそれとなく表れている。

たとえばそれは、コンテンツやスターと、それを消費（受容）するファンとのあいだの関係性（距離感覚）に集約することができる。マンガ研究者の岩下朋世は、『ヒプマイ』が作中の対立チーム間のラップバトルと現実とのメディア展開を結びつける「Battle CD」という音源をリリースし、それによって「AKB48総選挙」のように、それぞれのディビジョン同士の対決が、音源購入による投票という形で彼らを「推す」それぞれのファン同士の対決とリンクしていく構造に着目し、つぎのように述べている。

いずれにしろ、こうした展開は、「推す」行為によって、ファンがキャラクターの生に直

> 接関わることができるような仕掛けとなっており、今日的なキャラクターの享受のあり方を体現している。
> 『ヒプマイ』のメディア展開は、ファンに、物語、そしてキャラクターの生へ貢献する感覚を与えるものだと言える。そして、そのことはファンのプロジェクトに対する発言力を強めるものでもあるだろう。実際にその発言がどの程度の影響力を持ち得るかはともかく、「公式」の打ち出す方針や姿勢に対して、ファンとして何かを物申したくなる。ファン参加型のメディア展開は、そうした感覚を刺激する。（「キャラクターはどこにいる――『ヒプマイ』そして「解釈違い」、『キャラがリアルになるとき――2次元、2・5次元、そのさきのキャラクター論』青土社、185頁、傍点引用者）

岩下によれば、『ヒプマイ』の示すメディア展開は、「「推す」行為によって、ファンがキャラクターの生に直接関わることができるような仕掛け」があり、それによって「ファンに、物語、そしてキャラクターの生へ貢献する感覚を与える」ことを可能にしている。つまり、そこではファンと、彼ら／彼女たちが「推す」コンテンツ（物語、キャラクター）の距離は格段に縮まっている。だからこそ、「「公式」の打ち出す方針や姿勢に対して、ファンとして何かを物申したくな」り、また実際に「ファンのプロジェクトに対する発言力を強め」ているのだ。

「距離」を喪失した21世紀の文化消費

もちろん、こうした傾向は、何も『ヒプマイ』に始まった傾向ではないだろう。これもまた、コロナ禍以前の2010年代に全面化してきた文化現象のひとつだ。2021年にようやく邦訳が刊行されたメディア研究、ファンダム研究の名著『コンヴァージェンス・カルチャー――ファンとメディアがつくる参加型文化』(渡部宏樹ほか訳、晶文社、原書は2006年)で北米の著名なメディア研究者ヘンリー・ジェンキンズは、『スター・ウォーズ』や『マトリックス』、テレビ番組『アメリカン・アイドル』など現代のポップカルチャーの多くが、無数のメディア・プラットフォームを横断しながら、ファンの積極的・主体的なコミットメントを重要な文化資源とする「参加型文化」によって成立していることを、すでに2000年代に指摘していた。あるいは、このジェンキンズの議論を援用したポピュラー文化研究者の須川亜紀子は、「2・5次元文化」と名づけた現代のメディアミックスを通じて現実と虚構の境界越境を大きな娯楽要素とする文化実践に注目しつつ、いわゆる「2・5次元舞台・ミュージカル」を代表とするコンテンツが「嗜好の共同体」と須川が呼ぶスターとファン、あるいはファン同士の緊密なコミュニケーションによって成長している現状を描き出している(『2・5次元文化論――舞台・キャラクター・ファンダム』青弓社)。

ジェンキンズや須川も強調するように、2000年代後半のSNSの普及以降、一方で、ぼくたちはかつては遠い存在だったハリウッドスターや各国の首脳に気軽にメンションを送れるようになり、また他方でパッケージ販売に代わってアイドルの握手会や舞台を典型とするライブエンターテイメントが盛り上がった。それらはひとことでいいかえれば、ぼくたちの文化消費の感覚からあらゆる「距離」（深さ、高さ、広さ）を失わせる動きだった。YouTuberも声優も、地下アイドルもオンラインサロンの主宰者も、伸ばせば手が届くところに近づけられる。それらはいまや、かつてと比較すると、まさにフラットに「密着」可能な存在になっているのだ。

それゆえに、ファンは岩下がいうように「物語、そしてキャラクターの生へ貢献」できもすれば、簡単に「何かを物申」すこともできる。しかもこうしたメディア環境の変化による受容の変化は、映画研究者の北村匡平が「原節子の時代から若尾文子の時代へ」という魅惑的なフレーズで定式化したように（『スター女優の文化社会学——戦後日本が欲望した聖女と魔女』作品社）、映画館からテレビへと移行した戦後昭和期にもすでに見られたものでもあるだろう。

「推し」「推す」に見る接触可能性と「遠さ」の消失

ぼくはとりたててスター研究やファンコミュニティ研究を専門としているわけではないけれども、たとえば、そもそも昨今用いられる「推し」（「推す」）という言葉にも、そうした性質が顕著に表れているように感じるときがある。

最近では芥川賞受賞作やテレビドラマのタイトルにもなり、すでによく知られるように、「推し」とは自分が応援したい対象を指す言葉である。もともとはAKB48などのアイドルグループのお気に入りメンバーを「推しメンバー」（推しメン）と呼んだことに由来する。また、そうした「推し」を応援することが「推す」という行為である。

ぼくがこの「推し」や「推す」という言葉の語感から感じるのは、その親近性、対象との距離の近さの感覚である。

そして、その近さは、第一に、横のつながり＝ファン同士の近さ、そして第二に、縦のつながり＝「推す」対象との近さの両方を含んでいる。まず、いうまでもないことだが、「推す」とは本来、「推薦する」＝同じ対象を愛好するファン同士のあいだのコミュニケーションの意味を含意しているだろう。実際、「推し」について考察する哲学研究者の筒井晴香は、SNSの普及に伴って、現代の女性オタク間の「社交」の重要性に注目している（「孤独にあること、痛くあること――「推す」という生き様」、『ユリイカ』2020年9月号所収）。

さらに、「推し」という言葉の語感は「押し」にも転化し、どこか自分が憧れる対象への「接触可能性」（押せること）のニュアンスを含ませてもいる。憧れている存在ではあるけれども、同時に自分自身もさまざまな手段を通じて彼／彼女の活動に何らかの影響を与えることができ（まさに「物語、そしてキャラクターの生へ貢献」でき）、推す（＝押す）気になれば推せる（＝押せる）という確かな信憑を感じられる――そういう存在に、ファンが消費する対象が変容しつつあるように思われるのだ。これは直感的な判断でしかないが、たとえば「宇多田ヒカル推し」というとどこか違和感が残るが、「米津玄師推し」というと自然に聞こえる。

したがって、２０００年代あたりまでに流行っていた「萌え」という言葉に代わって(?)、偏愛する対象に対する賞賛の表現として、現在、若者たちのあいだでしばしば「尊い」「尊み」という表現が使われるのをよく耳にする。そういえば、かつて『前田敦子はキリストを超えた』(濱野智史、ちくま新書)というタイトルの本もあったが、こうした類の表現に接すると、ぼくはどこかとてもシニカルな気持ちになる。それは、いいかえれば、ぼくたちの文化消費の条件から、もはや徹底してかつてのような「尊さ」の感覚が失われているからこそ、逆説的にそれを回復するために用いられているのではないか？

そして、ここでふたたび話を元に戻して、結論めいたことをいえば、アニメ『ヒプマイ』の画面が示すフラットな平面性とは、そうした「尊さ」(「深さ」)が逆説的に仮構される、「推し」のリアリティに満ちた現代のポップカルチャーの内実を視覚的に体現するもののようにも見えるのだ。そして、それはどこか高々としたところから日を浴びる「明るい」ものではなく、そうした高さに達せない閉塞した「暗さ」を感じさせるものでもある。

ポストモダン社会における「高さ」＝「憧れ」の喪失

かつてのぼくたちは、自分たちが憧れるなんらかの対象に対して、絶対的な「距離」（深さや遠さ）を実感することができた。しかし、そうした「距離」は徐々に相対的なものとなり、いまではぼくたちはもはやかつてあった「距離」の感覚すら失われている（そして「尊み」という言葉だけが実質を奪われつつ、インフレ的に使われている）。そして、『ヒプマイ』の画面の奇妙な「浅さ」は、どこかその本質を映し出している。

以上に述べたぼくの仮説については、じつは若い哲学研究者の岩内章太郎が、ほかならぬポストヒューマニティーズの哲学との関連においてより思想的に整理している。

岩内は、かつての近代社会が維持していたひとびとの信念や行動を包摂する共通前提（「大きな物語」）が機能不全に陥ったポストモダン社会、さらにはぼくたちが生きるこの現代社会の特徴を、近代以前にあった「高さ」（超越性）と「広さ」（普遍性）が失われた時代だと簡潔に定義する。まず、注目すべきは、ここで岩内が神の存在に象徴されるかつての「高さ」（超越性）の感覚を、まさに「対象への憧れ」として説明している点だ。

神に限らず、一般に超越性が有する「高さ」は人間の実存にとって二つの意味を持つ。［…］もう一つは、高さへの憧れ。［…］一般に、憧れの対象は私たちの日常性から離れた高い場所に存在している。欲望の対象がロマン化されて超越的理想になる場合、私たちはその高さへの希求を「憧れ」と呼ぶのである。憧れの対象は、特別な対象であり、遠くにあって（まだ）自分には届かないが、手を伸ばして触れてみたいものとして現われる。[…]したがって、こう言うことができる。高さを失うことは憧れを失うことである、と。（『新しい哲学の教科書――現代実在論入門』講談社選書メチエ、18頁、原文の傍点は削除した）

ここで岩内がいう「高さ」（超越性）を、かつての文化消費にあった意味解釈の「深み」や、ファンがスターに憧れを感じ、希求する「高み」の感覚へと置き換えることができるだろう。そして繰り返すように、おそらくいまやぼくたちはその「高さ」を失い、「憧れ」を失ってしまった。

ニヒリズムの時代からメランコリーの時代へ

こうして近代以後＝ポストモダンの社会が到来するというわけだが、示唆的なのは、先ほども少し触れたように、このポストモダン以降に生きる、「高さ」（超越性）を喪失したひとびとのリアリティを、岩内がさらにふたつの段階に細かく分けている点だ。具体的に言うと、彼はそれをそれぞれ、（1）ポストモダン＝「ニヒリズムの時代」と、（2）ポストモダン以後＝「メランコリーの時代」と呼んでいる。

このうち、前者の「ニヒリズム」と規定づけられたポストモダンの特徴とは、「意味の無意味化の経験」だと、岩内は述べる。

> 一般に、ニヒリズムとは「世界の一切は無意味である」という主張を指すが、この主張の前提にあるのは、かつては何らかの意味があったがそれはすでに失われてしまったということである。[…]
> ポストモダンとは、かつて揺るぎなく存在した「意味」(=モダン)を喪失するという経験だった。もちろん、ポストモダン思想は目の前で「大きな物語」(マルクス主義)が崩れていくのをただ眺めていたわけではなく、はっきりとした動機から積極的にそれを無化し否定した。だが、この無化し否定するという発想はニヒリストのものである。(前掲書、23~25頁)。

かつての「高さ」が失われてしまったポストモダンでは、まずその「高さ」の無化や無意味こそが虚無的に強調された。だが、さらにいまぼくたちが生きている現代――それを「ポスト・ポストモダン」とも「ハイパーモダン」とも呼んでもいいかもしれないが――は、そうではなくなっていると岩内はいう。少々長くなるが、引用しよう。

ところが、ニヒリズムとは別の形態の意味喪失が存在する。何らかの強い意味があってそれが無化される（あるいは、それを積極的に無化する）のではなく、そもそも強い意味それ自体を見出しにくくなっている状態――私はこれを「ニヒリズム」とは区別して「メランコリー」と呼びたい。ニヒリズムはつねに無化すべき意味を必要とするが、無化すべき意味すら見つからないのだとすれば、私たちは「欲望の挫折」（＝ニヒリズム）ではなく、「欲望の不活性」（＝メランコリー）を体験していることになる。［…］

ポストモダン以後、私たちは無化すべき対象を見つけることができない。私たちには社会への蔑みや嘲りもない。その気になればそれなりに人生を楽しむこともできるが、同時に、ある種の生きがたさのようなものも感じている。ならば、現代を生きる私たちの実存感覚は前の世代［註：ポストモダン］とは異なるものになっているはずだ。

ニヒリストは伝統的権威に対する「攻撃性」を持ち、あらゆるものは無意味かもしれないという「虚無感」に苦しむが、メランコリストにとっての問題は、欲望の鬱積から出来する「倦怠」と「疲労」、そして、いま手にしている意味もやがては消えていくかもしれないという「ディスイリュージョンの予感」である。要は、「何をしたいわけでもないが、何もしたくないわけでもない」という奇妙な欲望をメランコリストは生きているのだ。（前掲書、24〜25頁、文を一部削除した）

かつてのポストモダニスト＝ニヒリストは、「高さ」（超越性）や意味の喪失に苦しみ、あるいはあえて無化してみせた（欲望の挫折）。

しかし、今日のポスト・ポストモダニスト＝メランコリストの実存とは、「高さ」（超越性）や意味の喪失という感覚そのものを実感できなくなっている（欲望の不活性）。いいかえれば、ポストモダン＝ニヒリズムとは「高さ」（超越性）の喪失という時代だったが、ポスト・ポストモダン＝メランコリーとは「高さ（超越性）の喪失」自体を喪失してしまった時代である。これを、社会哲学者の橋本努に倣って「ロストモダン」（『ロスト近代――資本主義の新たな駆動因』弘文堂）と呼んでもよいだろう。

したがって、そこでは高さも低さも、また遠さも近さもない、底抜けに明るく浅い、フラットな「倦怠」と「疲労」の気分（「何をしたいわけでもないが、何もしたくないわけでもない……」）だけが残される。以上が、岩内の整理である。

時代精神としてのメランコリーと『ヒプマイ』的画面

岩内自身は、第3章でも取り上げたグレアム・ハーマンらのポストヒューマニティーズの哲学（彼自身はこれを「現代実在論」という名で括り直しているが）を、こうした現代のぼくたちからは失われた「神の「高さ」（超越性）と「広さ」（普遍性）」を「回復する運動として――または高さと広さとは別様に生きる可能性として——読み解くことができる」（前掲書、17頁）と解釈している。

ともあれ、ぼくもまたこの岩内の整理はかなり的確だと思っている。

たとえば、ここでいうメランコリーの感覚は、これも近年注目を集める、ハーマン・メルヴィルの短編小説「バートルビー」（「しないでいるほうがいいのですが…（I would prefer not to）」）や、岩内も著作のなかで言及するルーマニアの特異な思想家エミール・シオランのペシミズムにも通底しているだろう（シオランもまた、「倦怠」を強調する）。おそらくこのペシミスティックな思想家が——いわゆる「反出生主義」との関係も含め——近年、にわかに注目を集めていることとも、それは無関係ではないに相違ない。しかも、Twitterのシオランの非公式ｂｏｔに見られるように、その思想が自己啓発や人生論的に受容されていることも興味深い。

シオランの思想にかんして知るには、さしあたり大谷崇『生まれてきたことが苦しいあなたに——最強のペシミスト・シオランの思想』（星海社新書）がオススメだが、いまシオランのアフォリズムを読むとき、確かにそこには現代人のメランコリーの核心が表れているような気がする。曰く、「今朝、目を覚ますなり第一に考えたこと。すなわち、人間がかつて得たもっとも深い直観は、すべては気晴らしという直観であるということ。［…］あらゆる約束、あらゆる幻想にまさるもの、それは結局のところ、それが何になる？　という平凡な、それでいて恐ろしいリフレインだ。この、それが何になる？　は、この世の真理であり、端的に真理そのものだ」（『カイエ：１９５７-１９７２』金井裕訳、法政大学出版局、６５６頁、原文の傍点は削除）。「結局のところ、それが何になる？」――このシオランの吐露は、たとえば手持ち無沙汰でなんとなくNetflixを寝転がりながら観る現代の「Z世代」の若者の「chill out」なリアリティの一端（何をしたいわけでもないが、何もしたくないわけでもない……）を代弁しているかのようだ。マーケティングアナリストの原田曜平をはじめ、何人かの論者がZ世代と呼ばれる10代から20代前半のいまの若者世代の心性の特徴を共通して「chill」という言葉で表現しているが（『Z世代――若者はなぜインスタ・TikTokにハマるのか？』光文社新書）、これこそシオラン的倦怠の「令和バージョン」だといえないだろうか。

そういえば、庵野秀明総監督の『シン・エヴァンゲリオン劇場版𝄇』（２０２１年）において、式波・アスカ・ラングレー（声：宮村優子）は、ニアサードインパクトを起こしたトラウマから気力をなくした碇シンジ（声：緒方恵美）に対していみじくも、彼は「生きたくもないし、死にたくもない」のだと口にする。この意味で、シンジはシオラン的なうつ、現代のメランコリーを体現しているのだといってよい（したがってぼくは、今回の新作の物語前半のシンジの姿を、１９９０年代の旧『エヴァ』シンジのセカイ系／引きこもり的主体の反復と捉える解釈は的を射ていないと思う）。

あるいは、シオランは、別のところで「人類はいまや絶滅しようとしている。これが、こんにちまで私の抱いてきた確信だ。ちかごろになって、私は考えを変えた。人類は絶滅すべきである」（『告白と呪詛』出口裕弘訳、紀伊國屋書店、１９０頁、原文の傍点は削除）とも書いているが、この「絶滅」の問題もまた、すでにぼくが「人新世」の問題とも絡めてあちこちで論じているように、ポストヒューマンな世界観に通じるものだろう。

もとより、勤務先の大学で20歳前後のZ世代の学生と日々接しているぼく自身の個人的な実感としても、ポストモダン＝ニヒリズムのリアリティは、ぼくの属するいわゆる「ロスジェネ世代（とそれ以前）」、そしてポスト・ポストモダン＝メランコリーのリアリティは、その下のいわゆる「ゆとり／さとり世代」から彼らZ世代の持つ特徴にほぼ正確に対応しているように感じられる。Z世代のあいだに広がる「推す」カルチャー（感受性）、ある種の「距離」を失った感覚は、ここに帰着させることができるのではないか。ただ注意したいのは、こうしたビリー・アイリッシュ的な21世紀特有のメランコリーは、単に若い世代に特有のものではなく、おそらくは時代精神として、本質的にこの時代を生きるぼくたちすべてを覆っているということだ。いま、ぼくたち一人ひとりがぼんやりと感じているバートルビー的な「倦怠」や「疲労」、「生きがたさ」。それらの正体は、この「何をしたいわけでもないが、何もしたくないわけでもない……」というメランコリーなのである。

そして、「推し」を観るためにファンが熱中するアニメ『ヒプマイ』の書き割り的なフラットな「画面」は、そのメランコリーを、じつに「明るく」、のっぺりとイメージ化しているのだ。また、『ヒプマイ』的な「明るい暗さ」は、『ミッドサマー』にも感じる。『ミッドサマー』はヒロインの大学生ダニー（フローレンス・ピュー）がうつ症状（パニック障害）を抱えているという設定があるが、この「明るいホラー」のキャラクター造形もまた、Z世代のメランコリーを体現しているはずだ（したがって、ピクトリアルな構図も含めて、『ミッドサマー』はラース・フォン・トリアーのうつ映画も想起させる）。

『羅小黒戦記』のポストコロナ的フラットさ

そういえば、話題になった中国のアニメーション映画『羅小黒戦記《ロシャオヘイセンキ》～ぼくが選ぶ未来～』（2019年）が描き出す世界も、ここで述べてきた図式と重なっている。最後にちょっとだけ述べておきたい。

もとより、主人公の黒猫に変化する少年の妖精・小黒《シャオヘイ》（声：花澤香菜）をはじめとする森に住む妖精たちが、人間の自然破壊により棲家を追われ、図らずも彼ら妖精というノンヒューマン・エージェンシーと人間が接触し、互いに競合することになるという本作の世界観は、いうまでもなく第2章でも論じた現在の新型コロナウイルスとぼくたちとの関わりを寓意的に表しているかに見えてしまう。

そのなかで、当初、居場所を失った小黒を自分たちの仲間に加え、優しく面倒を見ながら、じつは密かに妖精たちの居場所を壊した人間たちに復讐を企む妖精・風息《フーシー》（声：櫻井孝宏）は、植物を操る超常的な力を駆使して、かつての神聖な森をふたたび復活させようとする。物語のクライマックスで、小黒と、人間でありながら妖精との共生を目指す執行人・無限《ムゲン》（声：宮野真守）

と対決した風息は敗れることになるが、このときのかつてあった「高さ」(超越性)の復活を目指しながらも挫折する風息と、もはやそうした「高さ」を目指さず、ヒトとヒトならざるモノたちとのフラットな共生を志向する無限/小黒の姿は、それぞれどこかポストモダン的なニヒリストと現代的なメランコリストと重なって見えるのだ。

あるいは、このアニメーションは『ヒプマイ』とはまた違った意味で、多分に「フラットさ」を含んでもいる。本作は、もともとこの後日譚となる物語が2011年から発表されているが、それはFlashを用いたウェブアニメだった。また、すでに多くの指摘があるように、『羅小黒戦記』は中国製のアニメーションでありながら、その物語や表現、ギャグのセンスにいたるまで、『DRAGON BALL』(1984〜1995年)など、現代日本のマンガ・アニメの影響を強く受けている。つまり、『羅小黒戦記』においては、人間/妖精という物語世界の対と重ねられるように、ウェブ/映画館、日本/海外といった境界=距離もフラットに均されているのだ。

現代アニメーションの、いわば「明るい暗さ」を指摘した土居伸彰がすでに鋭くいっているように(『21世紀のアニメーションがわかる本』)、こうしたかつて存在したさまざまな区別や境界がファジーに失われている点は、21世紀以降の現代アニメーションの示す大きな特徴のひとつだが、それは他方で、ぼくが注目している「画面」の変容とも関わっているだろう。『羅小黒戦記』の「画面」は、中国の作品ではあるが、日本の『ヒプマイ』の「画面」とも意外に近いところで共振しているはずである。

さて、以上までで、さしあたりコロナ禍＝「新しい日常」の映像文化が見せている「新しい画面」――「明るい画面」と「暗い画面」の関係性――について概観してきた。次章からは、この「新しい画面」たちが、どのような歴史を背負って現れてきたのか、その変遷を考えてみたいと思う。

第5章 「明るい画面」の映画史に向けて

「明るい画面」のルーツとしての岩井俊二

ここまでぼくは、新海誠から深田晃司まで、近年の国内外のさまざまな映画やアニメーションを例に出し、あるいはA・N・ホワイトヘッドやグレアム・ハーマンらの思想を参照して、ポストコロナの2020年代の映画を、その「画面」の性質から「明るい画面」と「暗い画面」というふたつのタイプに分けて見ることを提案した。

ただ、このふたつの異なる画面は、対立するところもあれば相補的なところもあり、双方が複雑に絡みあって、現代映画の新しい「画面」を構成しているということも述べた。それを踏まえて、ここからは日本映画史における「明るい画面」と「暗い画面」の系譜をおおまかに跡づける作業を試みてみるとしよう。

その手掛かりとなるのも、まずはやはり新海誠である。

新海独特のフォトリアルなアニメの映像表現が、「岩井美学」とまで呼ばれた岩井俊二の映画から多大な影響を受けていることは、岩井の名前が「スペシャルサンクス」としてクレジットされた『君の名は。』以降、よく知られるところとなった。余談ながら、ぼくは『君の名は。』のマスコミ試写に行ったさい、観終わったあとにロビーに岩井がいたのを見かけた。『君の名は。』の初見の印象も、「岩井俊二が好きそうな作品だな」というものだった。

新海は、岩井の手掛けたアニメーション映画『花とアリス殺人事件』（2015年）のソフトの特典映像のインタビューや、『君の名は。』公開時に行われた初の対談（『EYESCREEM増刊 新海誠、その作品と人。』スペースシャワーネットワーク所収）などで、自身の映像制作キャリアの初期から現在にいたるまで、岩井作品からさまざまな影響を受けてきたことを明かしている。もとより岩井といえば、極端な自然光の逆光と浅いフォーカス、レンズフレア、ハンディカムによる即興的な長回し、独特のフラッシュカット、映像と音楽のアフェクティヴなコラボレーションといった、いわゆる岩井美学と呼ばれる繊細で情感溢れる幻想的な映像表現を、その初期から一貫して作り上げてきた。そして、こうした映像表現が、やはりレンズフレアのような光の表現とスモークを焚いたような淡く感傷的な背景を特徴とする『ほしのこえ』（2002年）以来の新海アニメの映像と驚くほど似通っていることは一目瞭然だろう。21世紀の新海や京アニの「明るい画面」のルーツは、まず1990年代に活動を開始した岩井の「明るい画面」にあったということができる。また、岩井のほうも、自身初のアニメーション作品である『花とアリス殺人事件』を作るさいに、新海の『秒速5センチメートル』(2007年)と『言の葉の庭』(2013年)を繰りかえし観て参考にしたという。

「映像」の時代の映画作家

なおかつ、このふたりのあいだには、それに加えてもともと映画以外のメディアの出身という出自の共通性と、同時代のデジタル技術を率先して取り入れてきたという作家的スタンスの共通性が存在する。

まず、知られるように、岩井はもともとはミュージック・ビデオのディレクターから映像業界に入ったという経歴を持ち(というより、彼は日本でのMV界出身の映画監督の先駆け的存在だ)、かたや新海はパソコンゲームのオープニングムービー制作からクリエイターとしての活動を開始したという経緯がある。いずれも「映画」ならぬ「映像」や「動画」をルーツに持つ映画作家なのである(まさに、新海は『ほしのこえ』を、動画を意味する「ムービー」と呼んでいた)。

そしてデジタル技術の導入ということでいえば、新海の演出がデジタルコンポジットの導入に基づくものであることはすでに第1章で触れたし、また彼の出世作である『ほしのこえ』がPower Mac G4、Adobe Photoshop、Adobe After Effectsなどの市販のソフトウェアを用いなががら、ほぼ一人で作り上げた本格的なデジタルアニメーションムービーとして業界に衝撃を与えたことも比較的よく知られているはずだ。他方の岩井の場合にせよ、デジタル編集ソフト「Ａｖｉｄ」やデジタル音響システム、映画のデジタル撮影を推進したカメラ「ＨＤ24ｐ」などのデジタルツールを、それぞれ１９９０年代から日本映画界で先駆的に活用してきた映画監督だったという側面がある。代表作のひとつである『リリイ・シュシュのすべて』（２００１年）ではＳＮＳの登場以前に、原作としてインターネットでユーザー参加型の匿名掲示板風小説を試みていたし、『花とアリス』（２００３年）ではウェブ配信シネマ、先ほどの『花とアリス殺人事件』では近年デジタル技術の導入で脚光を浴びているロトスコープを使ったアニメーション作りに挑戦した。第2章で論じた『8日で死んだ怪獣の12日の物語　劇場版』（２０２０年）も、Ｚｏｏｍを使って製作されていたことを思い出してほしい。そもそもデジカメによる手ブレ撮影やフラッシュカットといった岩井美学と呼ばれた映像表現は――新海アニメのデジタルコンポジットによる風景表現と同様に――撮影機材のデジタル化によって存分に可能になったものだといえる。

また、じつは岩井と新海がそれぞれ映画作家としてデビューした年もまた、映画（映像）のデジタル化を考えるうえでは非常に指標的な時期だった。岩井が長編映画監督第1作『Love Letter』を発表したのは１９９５年。この年は、いうまでもなくマイクロソフトから発売されたＯＳ「Windows 95」を起爆剤として、日本を含めた世界中に一挙にインターネット（ワールド・

ワイド・ウェブ）が普及し、「インターネット元年」と呼ばれた年であった。ちなみに、同じ年には、北米で「Yahoo!」と「Amazon.com」も設立、ハリウッドではピクサーが世界最初の全編フル3Dによる長編アニメーション映画『トイ・ストーリー』（1995年）を作っている。また、デンマークではラース・フォン・トリアーら若手映画人たちによる新世代の映画運動「ドグマ95」が始動している。

一方、新海が出世作にして初の劇場公開作となった『ほしのこえ』を発表した2002年も重要である。この年は、ハリウッドでは来るべきデジタルシネマ時代を見越して7大メジャー会社が共同出資のかたちで、デジタルシネマ標準化のための規格――これが2006年にいわゆる「デジタル・シネマ・パッケージ」（DCP）としてまとめられる――を策定することを目的とした会社「デジタル・シネマ・イニシアチブ」（DCI）を設立。また、同じ年にはジョージ・ルーカスが世界最初の全編フルHD撮影の長編映画となった『スター・ウォーズ　エピソード2／クローンの攻撃』（2002年）を発表している。ちなみに岩井は、『リリイ・シュシュ』製作時、ルーカスがHDで映画を作ろうとしていることを知り、ソニーまで出向いて性能を問いあわせたという（「マイリトル映画祭」の『リリイ・シュシュのすべて』放送時の発言より）。

岩井美学と呼ばれた数々の手法について、批評家の石岡良治は「様々なエフェクトの積極的な使用」といいかえ、「音楽とともに特定場面が屹立し、映画全体から断片的に際立つ」スタイルに象徴されるこの表現を、「広義の「記号」を映像に重ね書きすることで、映像にアクセントをつけることとみなしうる」（「岩井俊二作品における印象の重ね書き」、『ユリイカ』２０１２年９月号、１０９頁）と述べている。つまり、岩井美学を構成するこの「エフェクト」のモザイク（これが新海的なアニメだったら「コンポジット」に置き換えられるだろう）もまた、確実にデジタル技術と不可分なものだ。その意味で、岩井から新海にいたる現代の「明るい画面」の系譜は、ひとまずは１９９０年代を世界的な起点とする映像のデジタル・イノベーションを前提としているのである。

マンガ・アニメ的画面の「明るさ」

そして、デジタル環境はしばしば「ポストメディウム」や「ポストメディア」といいかえられるように、メディアがデジタルになるということは、アナログ時代にあったさまざまなメディアやジャンル間の垣根があいまいになり、ひとつのプラットフォームや表現に収斂していくということも意味するとよくいわれる（ヘンリー・ジェンキンズのいう「メディア・コンヴァージェンス」）。

そうした事態は、繰り返すように、ミュージック・ビデオやテレビドラマ、そして一方でパソコンゲームという他ジャンルから映画に進出し、それらのジャンルの表現をハイブリッドに混ぜ込んでいる岩井や新海の経歴や表現そのものに如実に反映されている。しかも、それだけではなく、アニメーションの背景に実写的リアリズムを高精細に取り入れた新海と対照的に、岩井のほうは、マンガやアニメの表現から多大な影響を受け、それを実写映画に取り入れてきたという事実もある。

岩井はかねてから自らが70年代少女マンガの世界観や表現手法からの影響を強く受けていることをいたるところで公言している。中学から高校時代にかけて『りぼん』を愛読しており、思春期に決定的な影響を受けた「神」のひとりに、田渕由美子を挙げている。そもそも岩井はマンガ家志望でもあった。『花とアリス』や『花とアリス殺人事件』では、手塚高校や藤子高校、石ノ森学園中学など著名なマンガ家の名前が作中のいたるところに散りばめられ、過去には、実現はしなかったものの、小山ゆうの『あずみ』や手塚治虫の『火の鳥』など、多数のマンガ作品の実写映画化やテレビアニメ化の企画にも関わっていたことも明かしている。何よりも、岩井の少女マンガ的想像力からの影響は長編第一作の『Love Letter』の世界観や演出からも明らかであり、その後も『スワロウテイル』を岩井自身が「いちばん何っぽいのかっていったらマンガ」（『NOW and THEN 岩井俊二——岩井俊二自身による全作品解説＋５０の質問』角川書店、79頁）と述べたり、『四月物語』（１９９８年）を盟友でもある庵野秀明が「きれいな少女マンガ」（『マジック・ランチャー』デジタルハリウッド出版局、13頁）と評したりしてきたという経緯がある。そもそも『スワロウテイル』は実際に岩井がコミックふうにレイアウトを整えた絵コンテ集が刊行されている。

しかも重要なのは、岩井の映画や映像作品に見られるマンガからの影響関係が、他方でそれらがまぎれもなく現代のコンピュータやデジタル技術のもたらすポストメディア性とつながっていることだ。

岩井は『ｕｎｄｏ』（１９９４年）を撮った１９９０年代前半頃から、絵コンテをAppleのMacintoshで描くようになったという。これ以降、彼の描くようになるストーリーボード（絵コンテ）に基づくコミックは、当時の日本の映画監督としては比較的珍しいものであり、実際、『Love Letter』を特集した『キネマ旬報』１９９５年3月下旬号の記事（「『Love Letter』撮影現場検証 僕は邦画の旗手じゃない」）では、早くもＭａｃで描かれた彼の絵コンテが注目されて取りあげられているのがわかる。ともあれ、『Love Letter』に出演した豊川悦司との対談のなかで岩井は、Ｍａｃで絵コンテを描くようになったことで、より精細なイメージが描けるようになったと語っていた。「あんなに丁寧に描いたのははじめてで。最近マックを買ったんで、凝ってるだけなんです。『ｕｎｄｏ』あたりから絵コンテにマックを使うようになったら、それからやみつきになって」（「映像的記憶、音楽的記憶、空気感の記憶」、『キネマ旬報』１９９５年3月下旬号、１０５頁）。このことは要は、デジタル作画によって、「映画の絵コンテ」があたかも「マンガ」のように描けるようになったことをも意味するだろう。

しかも、実際に当時、岩井の描いた絵コンテ＝マンガを確認すると、このポストメディア性＝メディア混淆性の特徴はよりはっきりと窺われる。たとえば、『スワロウテイル』の絵コンテでは、イラスト風のデジタルな描線で描かれたキャラクターの背景に実写の風景が挿入されていたり、レンズフレアがＣＧで描かれていたりする。こうした表現はいうまでもなく、後年の新海の『君の名は。』における擬似実写的な「明るい」アニメーション表現に直接的につらなっていく要素であり、ましてやデジタル化によってはじめて可能になった表現でもある。岩井の映像とマンガを横断する1990年代のメディア混淆的な映像／マンガ表現は、まさにこうした技術的・メディア的な転回を背景になされたものであることが重要だろう。

また岩井は、スタジオジブリの高畑勲の遠縁にあたる関係であり、2020年にぼくとアニメーション研究者の高瀬康司が行ったインタビューのなかでも、岩井は自身の出世作となり、2017年にはシャフトによって長編アニメ映画化もされたテレビドラマ『打ち上げ花火、下から見るか？　横から見るか？』（1993年）について、役者の演技を「アニメっぽく」演出したと語っている（『美術手帖』2020年2月号、美術出版社所収）。ここで注意したいのは、実写映画の場合、Instagramのようなデジタル映像の画面と並んで、まさにアニメの画面も、実写と比較するとはっきりと「明るい画面」だということだ（あの宮崎アニメがまさにそうである）。つまり、現代映画の「明るい画面」の台頭とは、「インスタ的画面」への変化であると同時に「マンガ的画面」や「アニメ的画面」への変化でもある。それは、言葉を替えれば、「デジタル的画面」であるとともに「ポストメディア的画面」でもあるのだ。

「明るい画面」の参照元としての大林宣彦と「ハンドメイキングの映画」

デジタル化＝ポストメディア化によってもたらされた、2010年代のインスタ的でアニメ的な新海誠や京都アニメーションの「明るい画面」の映画が、1990年代の岩井俊二の映画をルーツに持つことがこれでひとまず明らかになったのではないかと思う。

ただ、話はここで終わりではない。

おそらくぼくたちは、日本映画においてこの「明るい画面」の映画史をもっと遡ってたどることができる。たとえば、そこで重要な意味を担うのが、奇しくも岩井の『8日で死んだ怪獣の12日の物語』と同日に、遺作『海辺の映画館　キネマの玉手箱』（2020年）が劇場公開された大林宣彦の存在である。

岩井は、「映像の魔術師」と呼ばれたこの巨匠監督から受けた多大な影響をたびたび公言している。彼は、犬童一心や手塚眞など、自身と同様、「大林チルドレン」を自認する映画作家たちと大林について語り合った座談会のなかで、興味深い発言をしている。映画評論家で映画監督の樋口尚文の「この人は既成の技術自体を無邪気な子どもみたいに自由自在にひっくり返したいんだなと驚いて、本当に大林さんは映画監督ではなく映画作家なんだなと思いましたね」という言葉を受けて、彼は「そうそう。そういうハンドメイドの遊びっぷりが、あの時期の若い子たちにすごい影響を与えたんじゃないですか」と述べているのだ。この岩井の言葉は、その後に犬童がいう「山田［註：洋次］さんの映画を観ても、映画を撮れる気にはなれなかったけど、大林さんの映画を観て映画を撮る気になったんですよ」という発言も含めて、まず第2章で岩井の作品を通じて論じた今日のZoom映画的な画面がもたらしている21世紀映画のパラダイムを考えるときにじつに示唆的に響く（ここまでの引用はすべて「〈大林チルドレン〉監督対談 大林宣彦はいつもぼくらのヌーヴェル・ヴァーグだった」、樋口尚文責任編集『フィルムメーカーズ［20］大林宣彦』宮帯出版社所収、傍点引用者）。

というのも、「ハンドメイドの遊びっぷり」を駆使して作られているものこそ、まさにスマホ映画やリモート映画をはじめとした今日のモバイル化した現代映画の本質だと呼べるからである。実際、コロナ禍の無数の制約のなかでスマートフォンやＺｏｏｍといった手元のツールをブリコラージュ的に用いて、また「カプセル怪獣」を弄るようにして岩井の『8日で死んだ怪獣の12日の物語』は作られていただろう。そして、その手元で自在に遊べるデジタル機材の「ガジェット感」は、岩井美学のカジュアルで情感溢れる「明るい」表現を支えるものでもあったはずだ。

そして、その岩井に大きな影響を与えた大林もまた、だからこそ１９６０年代からはじまる映画作家としての長いキャリアのなかで、まさに今日の「ポストヒューマン的」な想像力に先駆けるスタイルの映画作りを行っていた。たとえば、彼の代表作となった『ＨＯＵＳＥ　ハウス』（１９７７年）や『時をかける少女』（１９８３年）をはじめとする諸作品では、人形などのモノがファンタジックに蠢き、人間と交渉する様子がたびたび描かれる。そのユニークな想像力は、『時かけ』の公開時、映画評論家でＣＭディレクターの石上三登志との対談で述べた大林のこのような言葉からも窺われる。

僕は、人間もイスも全く対等な演技をするのが映画である、逆に言えば、俳優はイスでもいい、イスもヒーローになる、というのが基本にあって、その基本に沿って演出してきた部分があると思いますね。それが「転校生」や「時をかける少女」になると、このイスはイスであるが、感情や心を持っている。それと僕が対等に、つまり人間と人間の関係として、対等に対話してみようじゃないかと変化してきましてね。（大林・石上「ジュブナイルだからこそ語れる大人の心の痛み」、『キネマ旬報』1983年7月下旬号、58頁、傍点引用者）

近年、近代社会や近代哲学で長らく続いてきた「人間」（主体）を中心に世界や物事を考えるあり方をあらためて、人間を介在することなく直接的にモノに触れ、また動物や鉱物やAIといった非人間的な存在を人間と対等に交渉可能な存在として扱おうとする「ポストヒューマニティーズの哲学」が脚光を集めている（思弁的実在論、オブジェクト指向の存在論、新しい唯物論、アクター・ネットワーク理論など）。

それでいうと、この大林の言葉には、ヒトもモノも「対等に対話してみよう」という、彼のいわば「オブジェクト指向」的な感性がはっきりと表れている。その意味で、コロナ危機に揺れる日本映画界のなかで、岩井俊二と大林宣彦の新作が同時に公開されたことは、「新しい日常」での日本映画のゆくえを考えるにあたって、暗示的な意味を含み持っているのだ。映画が変われば、映画（史）の見方も変わる。

『ヒプマイ』と大林宣彦的画面の共通性

ぼくに限らず、現代映画のアクチュアリティについて考える論者がすでに指摘していることだが（たとえば石岡良治や高瀬康司など）、ここには、今日の重要な日本映画作品が総じて「大林的なもの」を含む1970年代のいわゆる「角川映画的」な想像力を参照枠にしているという問題がすでにある。

例を挙げると、石岡の示唆する通り、細田守監督の『時をかける少女』（2006年）にせよ新海誠監督の『君の名は。』にせよ、彼らは角川映画時代の大林映画を明らかに参照しているのである（『君の名は。』の場合は、『転校生』＋『時かけ』）。

そもそも角川映画自体が、近年の日本映画史研究やポピュラーカルチャー論で急速に再評価の機運が高まっている。それは、大林とも親交の深い評論家の中川右介がそのよくまとまった角川映画のノンフィクション（『角川映画1976-1986 日本を変えた10年』KADOKAWA）で整理するように、巷間よくいわれるメディアミックス戦略だけではなく、「製作委員会方式」、「テレビ局が出資する映画製作」、「アイドル映画」などなど、現在の日本映画界を規定する主要な産業システムやプロモーション戦略、ジャンルなどがほとんどすべて角川映画をルーツとしていることによっているだろう。ともあれ、そうしたなかで、岩井が、大林の創造的系譜に連なっているのは、きわめてわかりやすい（ちなみに、のちに『時かけ』をアニメ化する細田守も、大林唯一のアニメーション映画監督作『少年ケニヤ』［1984年］のスタッフ募集に応募している。そして、同作が興行的に大敗を喫したのが、宮崎駿の『風の谷のナウシカ』［1984年］で、そのスタッフには庵野が参加していたのだった……）。

というのも、商業映画デビュー作『HOUSE　ハウス』以降の大林映画は、まさに同時代の日本映画のなかでも飛び抜けて「明るい画面」を備えていたからだ。たとえば、『HOUSE　ハウス』は、ヒロインのオシャレ（池上季実子）ら女子高校生たちのうしろを舞台の書き割りのように奥行きを欠き、目の覚めるほどの原色に彩られた背景が取り囲み、それが奇妙な平板さの印象を湛えている。そして、このロケーションとセット撮影、さらにオプティカル合成やアニメーションといった複数のレイヤーがのっぺりと遠近感なく重ねられた大林特有の画面は、晩年のいわゆる「戦争三部作」（2011〜2017年）や遺作の『海辺の映画館』まで一貫していた。

また、いささか突飛すぎる連想を承知で書けば、アニメ『ヒプマイ』の平面的な画面――フラットで書き割り的な風景イメージは、この大林映画の画面を髣髴とさせる要素がある。たとえば、アニメ『ヒプマイ』のディビジョンの街頭風景は、『HOUSE　ハウス』の冒頭の登場人物たちがたたずむ東京駅の駅前広場のあの奥行きを欠いた平板な景色とじつによく似ている。このアニメ『ヒプマイ』の平面的な「明るい画面」もまた、おそらくは現代日本映画の「明

る い画面」の系譜――それは「アニメ的」でもあり「インターフェイス的」でもある――に連なっているように思われる。

大林の「CM的」画面から辿る「明るい画面」の映画史

ともあれ、ときに「カタログ的」だったりときに「オモチャ箱」だったりといった言葉で形容されてきた大林映画ののっぺりとした「明るい画面」はいったい何に基づいていたのか。

知られるように、映画監督進出以前の大林は、学生時代は自主映画や実験映画の旗手、それからテレビCMディレクターの草分け的存在として活躍していた。つまり、大林的な「明るい画面」とは、いいかえれば1980年代当時、数多くの映画批評家が大林について評したように、「映画」ではない、「テレビ的」な画面なのであり、「コマーシャル的」な画面なのである。

たとえば、『時かけ』の公開当時、映画評論家の黒田邦雄は、やはりこの作品をコマーシャル・フィルム（CF）の表現になぞらえながら、「CFというのはメッセージを正確に伝えることがまず必要だから、決してあやふやなものがあってはならない。［…］角川映画はこれらの要点を実によく守っており、この「時をかける少女」も、まさにそうなのである」（「〈モラルの映画〉角川映画考」、『キネマ旬報』1983年7月下旬号、65頁）と記していた。テレビやCMの映像表現は、映画館のスクリーンと違って、明るい日常空間のなかで何かをしながら画面を観る視聴者のアテンションをできる限り集め、なおかつ情報を正確かつ端的に伝達しなければならない。そのために、その画面は明るく、またそこにこめられる情報は単一で簡潔なものに集約されることが求められる。大林的なフラットな「画面」とはまさにそういうものだった。

そして、その「映画」の外部のジャンルやメディアの文脈を映画のうちにハイブリッドに持ってくる作家的スタンスは、いうまでもなく彼に影響を受けた後続世代の岩井や、さらにそのあとの新海や京アニの「明るい画面」にもはっきりと共通する要素なのである。なおかつ、ここには「映画とはアニメーションである」と喝破し、敬愛する手塚治虫の『ブラック・ジャック』(1973~1983年)を大胆に実写映画化(『瞳の中の訪問者』〔1977年〕)し、『ねらわれた学園』(1981年)や『海辺の映画館』にも俳優として出演したことのある手塚の長男である映像作家の手塚眞にマンガのコマ割りに喩えられた大林の演出センスも関わっている。それもまた、岩井や新海の登場をはるかに予告していたといえるのだ。

「崑チルドレン」としての岩井俊二と庵野秀明

また、大林とともに角川映画という文脈を挟んだときにここでぜひとも触れておかなければならないのが、映画監督の市川崑である。市川は、岩井や庵野秀明、そして岩井の『打ち上げ花火』のリメイクを手掛けたシャフトの新房昭之などがこぞってその影響を公言している監督である。

その点にかんして、石岡良治と高瀬康司のあいだで交わされた以下の対話は、じつに示唆的な意味を持っている。ここで、石岡と高瀬は近年の「実写映画とアニメーションの融合」に象徴されるような映像全般のポストメディウム的状況を踏まえながら、アニメーション史の文脈において、新たな見取り図を構想する必要があると主張している。

石岡　[…]『新世紀エヴァンゲリオン』（一九九五―九六）についても触れておきたい。というのも、市川崑のタイポグラフィの大胆な借用が興味深く思えたからです。[…]

高瀬　市川崑監督はキャリアのスタートがアニメーターでもありますよね。そのうえ映画監督デビュー後もTVドラマやTVCMの演出を数多く手がけていた。

石岡　さらに[…]「角川映画」の第一弾となる『犬神家の一族』（一九七六）という象徴的な作品を監督していることは重要だと思います。というのも、角川映画は日本映画におけるスタジオシステムの崩壊後、テレビが席巻した時代に、積極的にメディアミックスを志向していたプロジェクトだからです。そしてそれゆえに、映画作品の完結性を求める「シネフィリーの規範」から批判を受けることも多かったわけですね。溝口健二や小津安二郎のようなタイプを規範とするような、メディウム・スペシフィックな批評基準を掲げる際、こうした「不純な映画」が犠牲になってきたきらいがある。

高瀬　しかしアニメを映画と比べるならば、その角川映画や市川崑監督の系譜のようなポストメディウム的なものこそが重要なモデルになりつつあると。［…］

高瀬　［…］また、市川崑監督の系譜では岩井俊二監督も外せない存在と思います。MVという非映画的＝映像的な場を出自として持ち、映画のデジタル化を推進した一人でもあるため、〈映画〉の側からは一貫して無視されてきた。しかし、ゲームのムービーから出発した新海誠監督のように、アニメ作家を含む現代のクリエイターに対しては強い影響力を持っている。［…］

高瀬　市川崑、大林宣彦、岩井俊二――。この〝不純〟な〈映像〉の系譜を軸に、庵野秀明監督や新海誠監督、［…］までを貫く、新たな「不純なアニメ」史を構想できるのかもしれません。（「不純なアニメのために――「横断するアニメーション」のためのイントロダクション」、高瀬康司編『アニメ制作者たちの方法――21世紀のアニメ表現論入門』フィルムアート社、223〜225頁）

周知のように、市川といえば、グラフィックなタイポグラフィ、デフォルメされた構図と照明法、「銀残し」に象徴される実験的な色彩表現、シャープな音響効果とカッティングといった、俗に「崑タッチ」と称される独特の演出を駆使し、戦後の日本映画に数々の名作を残した巨匠である。また、実写の劇映画のみならず、高瀬も述べるように、もともとはアニメーターの出身であり、『東京オリンピック』（1965年）などのドキュメンタリーや『トッポ・ジージョのボタン戦争』（1967年）などの人形アニメーション、そして大林と同様、大量のテレビCMの演出なども器用にこなし、1990年代以降も実験的な切り絵アニメ映画『新選組』（2000年）を発表したりと、晩年までメディアとしての「映画」の枠を越えて——岩井に向けられた形容を借りれば「映像」といってもよいだろう——活動し続けた。こうした融通無碍な姿勢が初期のデジタル世代である庵野や岩井に決定的な影響を与えたことは想像に難くない。

たとえば、『新世紀エヴァンゲリオン』のテレビ版の黒字に明朝体、そして「フレームに沿って直角に曲げて表記する」という独特のレイアウトやタイポグラフィが、市川の70年代の角川映画『犬神家の一族』（1976年）をはじめとする作品群に由来していることはよく知られている。また、『エヴァ』第伍話「レイ、心のむこうに」のなかには『犬神家の一族』で登場した、湖面から逆さまに突き出た足のイメージがオマージュとして援用されていた。

さらに、崑タッチからの影響ということでは庵野以上に人後に落ちないのが岩井である。岩井にあっては自身がもっとも影響を受けた監督だとたびたび熱烈に語るほか、市川との対談でも『犬神家の一族』を「あらゆる映画の中で一番たくさん観てると思」うと語る（「『どら平太』はどのようにして作られたか」、『キネマ旬報』2000年5月下旬号）。2006年には、リメイク版の『犬神家の一族』公開に合わせて、市川のドキュメンタリー『市川崑物語』（2006年）も発表している。また、市川のほうも岩井の映画を高く評価しており、結局、実現にはいたらなかったが、太宰治原作の『ヴィヨンの妻』や、金田一耕助ものの『本陣殺人事件』をふたりで共同監督するという企画まであった。

市川の「まんが・アニメ的リアリズム」

そうした視点から市川の演出術を振り返ってみると、やはり大林とよく似たアニメ性・マンガ性やメディア混淆性が注目される。

たとえば、その「まんが・アニメ的リアリズム」(大塚英志)を、第一に、イメージやキャラクターの身体の可塑性、そして第二に、それゆえにその映画世界に向けるまなざしが示すノンヒューマン性に指摘することができそうだ。いうまでもなく、このふたつは2000年代以降の新海誠作品の代名詞にまでいたる要素である。

たとえば、市川もそのキャリアのなかで数々の「ノンヒューマン・エージェンシー」へのこだわりを見せてきた。60年代末には自動車を主人公にし、彼がシコを踏んだりするのをアニメーションではなく実写で(!)撮るという、『非機械的』(1958年)のリッティク・ゴトクも顔負けの奇想天外な企画『ぶっつけろ』を構想していたし、何より『娘道成寺』(1954年)や『トッポ・ジージョのボタン戦争』など数度にわたって手掛けた人形アニメーションからは、生身の俳優ではない、市川の「モノ」へのまなざしがよく表れているといえる(余談ながら、「ヒューマン・グラフィック・崑メーション」と銘打って製作された『新選組』は、「ハニメーション」と銘打った『キューティーハニー』の庵野を彷彿とさせる)。

それゆえにというべきか、市川は現実の俳優にも、ときにカートゥーンのキャラクターのような変幻自在の可塑性を与えることを厭わなかった。たとえば、それがもっとも特徴的に表れた例として、『穴』(1957年)の京マチ子の身体や顔貌を挙げることができる。この作品の京は、主人公の週刊誌記者をコケティッシュに演じているが、ある凶悪殺人事件の嫌疑が自分の身に降りかかってきたことをきっかけに、何度も変装して素性を偽りながら事件を解決していく。彼女はロングヘアーで厚化粧の女性から田舎臭い娘、ワンピースの淑女……と、つぎからつぎへじつに見事に変装していく。その変装による顔の変貌ぶりは、わたしたち観客が観ても驚くほど一つひとつがまったく違って見えるのだ。もちろん、こうした表現を可能にしたのは、北村匡平が的確に指摘するように、演じる京自身の、「「能面」のように表情の変化を可能にする「顔」の不思議な魅力」(『美と破壊の女優 京マチ子』、筑摩書房、119頁)によるところが大きいだろう。ただ、この後の『鍵』(1959年)同様、京の身体性にさらなる「変身」のインパクトを与えたのは、市川の優れたアニメ的センスではなかっただろうか。

そこで発揮されたまんが・アニメ的感性は、すでに触れたように、市川の仕事に複数のメディアをハイブリッドに横断する混淆性を濃密に加えることになる。崑タッチのひとつの到達点といってよいだろう、『犬神家』で存分に発揮された、ハイコントラストの白黒画面、分解写真のような残像処理、スチール画面、フラッシュカットといった映像テクニックのモザイク的な使用はもちろんのこと、手塚治虫のライフワークを原作にした『火の鳥』（1978年）では、実写映像とアニメーションの合成を試みつつ、しかも手塚の原作マンガの画面をわざと忠実に再現する絵作りも試みていた。さらに触れておけば、大阪万博の住友童話館で上演された『つる』（1970年）と『バンパの活躍』（1970年）では、連鎖劇（映像と舞台の混合パフォーマンス）まで手掛けたのである！

ともあれ、市川の集大成的なインタビュー集をまとめた森遊机は、「アングルの奇抜さ、デフォルメされた人物の動き（演技）。目まぐるしいほど細かいカッティングのリズム……。そして、一枚一枚の絵を描くことによって何もないところから映像の全体を作り上げようという、アニメ独特の〝完全支配〟の状態は、画面のすみずみまで自分の色に塗りあげようとする市川崑映画の方法論と、根っこのところでつながっているのである」（市川崑・森遊机『完本　市川崑の映画たち』洋泉社、12〜13頁）と、いみじくも崑タッチの本質的な「アニメ性」を指摘していた。このマンガ・アニメ的なセンスを駆使し、しかもカッティングエッジなタイポグラフィやCM映像を自在に手掛けた市川崑が、大林と並んで現代の「明るい画面」の映画を準備したことはいうまでもない。

テレビ批判としての「暗い画面」の映画史

大林宣彦・市川崑＝角川映画以降の、ここ40年近くにわたる現代日本映画史の「明るい画面」の系譜が、おおまかに見えてきたのではないだろうか。それでは、こうした系譜を、従来の日本映画史の見取り図のなかに、どのように位置づければよいのだろうか。

そのためには、映画批評家の赤坂太輔の近年の議論がきわめて参考になる。というのも、赤坂は、まさに大林の「明るい画面」がそのルーツとする「テレビ的」な画面と対比される、いわば**「暗い画面」の現代映画史**を描き出しているからだ。

赤坂は、海外を含む現代映画史の姿を、一種の「メディア批判」の格闘の歴史として綴っている。彼が「優れた「現代映画」」と呼んで評価する数々の作品群がそこで批判的に対峙しているとされるメディアとは、より具体的にいえば、まさに大林から新海までが影響を受けた映画以降の映像メディア——すなわち、テレビとデジタルデバイスである。赤坂は、メディア＝テレビと「優れた「現代映画」」とを、つぎのように対比してみせる。

> メディアは観客をフレーム内に閉じ込め、優れた「現代映画」は観客をフレーム外に解放する。例えばテレビは音源を特定できない音声を排除し、フレーム外空間を消去する。[…]メディアは目前の映像に書かれ聞かれる文字情報へと目と耳を誘導し、フレームやアングル

はそれらに奉仕するために定められ、距離や時間それ自体は忘れ去られる。［…］今日のデジタルカメラの軽量化は、現在のメディア映像の作り手に全てを可視化・現前化できると思い込ませる。移動やパンが容易でリモートコントロールのクレーンやドローンなどを多くのカメラが使えるなら、目前の画面の脇にある空間は視聴者の意識に上らなくなり、視聴者は操作されたフレーム内に安心して視線を集中することができる。（『フレームの外へ――現代映画のメディア批判』森話社、13〜14頁）

赤坂によれば、映画以降のテレビやデジカメやドローンの送り出す映像たちは、「フレーム外空間を消去」して「観客をフレーム内に閉じ込め」、「全てを可視化・現前化できると思い込ませる」ものとしてある。つまり、すべてをわかりやすく一元化された「明るみ」のもとに曝けだしてしまうのが、今日のテレビ的画面というわけだ（今日のニュースやテレビバラエティの演出で日常化しているテロップの挿入を思い浮かべてもらえればよいだろう）。いわゆる撮影所システムの衰退と入れ替わるようにして台頭してきたテレビ的な映像文化の大勢は、こうした「フレーム外空間」＝「不可視の暗さ」を漂白し、わかりやすいフラットな「明るさ」のもとに観客／視聴者を閉じ込める画面になっていると、赤坂は要約する。

そして返す刀で、赤坂は、戦後から現代にいたる日本の優れた映画作家（シネアスト）たちは、こうしたテレビの台頭とともに撮影所システムの凋落を同時代的に体験しながら、対照的に、みないちようにそうしたテレビ的な「明るい画面」に果敢に「抵抗」し続けたのだと論じる。

このように全盛時の撮影所で活躍し１９７０年代を迎えたさまざまなジャンルの日本映画作家たちの映像は、主要娯楽メディアとしての地位をテレビに明け渡し、撮影所の倒産や縮小、テレビを生業とするスタッフや技術の交代、黒白からカラー撮影へと変化する中で、メディアの一部としてさまざまな形で「わかりやすさ」を目指す明るくクリアな画面と文字情報への従属に対する「抵抗」を、観客にとっての「見えにくさ」や闇として示すことになった。１９７０年代の優れた日本映画は、そうした「抵抗」のドキュメンタリーなのである。（前掲書、１９２頁、傍点引用者）

大島渚、松本俊夫、鈴木清順、加藤泰。赤坂が名前を挙げる監督たちは、およそ１９７０年代の日本映画のさまざまな場所で、こぞって「明るくクリアな画面」に「従属」していく映像メディア文化の内部で、いうなれば「「見えにくさ」による情報化批判」（赤坂）の試みを同時多発的に実践していたのだった。そして、そのいとなみは、ビデオからテレビゲーム、そしてインターネットから動画サイトが登場する１９８０年代から21世紀の現在にいたるまで、相米慎二、勝新太郎、黒沢清、北野武、青山真治、堀禎一……といった「優れた現代映画」作家たちによって、連綿と引き継がれていったと整理される。

つまり、赤坂はいわば「暗い画面」＝「見えにくさの倫理」とでも呼ぶべき現代映画史観を手広く描いてみせるのである。多少、現代思想的な註釈をつけておけば、ここで赤坂が主張する「メディア批判」＝「見えにくさ」とは、1980年代ごろの表象文化論やメディア批評の分野でよくいわれていた「表象不可能性」の問題のことでもあるだろう（たとえば、赤坂のいう「メディア」と「現代映画」の対比は、蓮實重彦の「物語」と「小説」や柄谷行人の「特殊性」と「単独性」などの対概念と相同的である）。そして、たとえば黒沢清監督の『スパイの妻〈劇場版〉』（2020年）など、彼らのごく近作を観てみても、（黒沢の新作も、ある種の「密室」の映画だったが）確かに赤坂のいった問題系は引き継がれているように見える。

オルタナティヴとしての「明るい画面の映画史」の可能性

そして、赤坂が出している映画監督たちの固有名に窺われるように、これまでの映画批評では、撮影所システムの時代からの映画史的記憶を重視し、大文字の「シネマ」の理念を信奉する批評家たちは、赤坂のいう「暗い画面」＝「見えにくさの倫理」に準じる／殉じる映画作家を一貫して擁護し続けてきたわけだ。

さて、もうここで示されるべき風景は明らかだろう。

すなわち、赤坂がここで「優れた現代映画」との対立軸において批判的に対象化する「メディア」の特徴とは、先ほどの黒田の大林＝角川映画評をそっくりそのまま反復している。つまり、「暗い画面の映画作家」たちがテレビ的画面のフラットさに対抗して先鋭的な映画を作り始めたのとほとんど同時期に、まさにテレビ草創期のCMディレクターという「映画」の外部から出発し、底抜けに「明るい」、「アニメ的」な「画面」を半世紀以上ものあいだ一貫して作り続けた大林と、それ以降の岩井や新海の現代映画の系譜とは、赤坂が描き出した「暗い画面の現代日本映画史」と対極、あるいはオルタナティヴにあったものなのだ。

そして、だからこそ、これもよく知られるように、大林もその「チルドレン」を自認する岩井俊二も（ついでにいえば彼らの想像力と密接に結びつく角川映画も）、彼らの作る作品は、同時代の映画批評家たちから「こんなものは映画じゃない」と長らく否定的に評価され続けてきたのだ。そして、そうした岩井や大林の系列は、その現実的な影響関係も含めてさらに市川、あるいはたとえば庵野秀明が多大な影響を受けたという岡本喜八や実相寺昭雄といった監督も含めた、より射程の広い映画史的パースペクティヴを拓くものにもなる。事実、市川らもまた庵野や岩井と同様、かつて「フィルム」の時代には、「技巧派」「モダニスト」といったレッテルによってシネフィル的な映画批評の文脈からは相対的に低く評価され続けてきた。たとえば、市川の映画的感性に根差す「雑多性」は、古典的な撮影所システムの「オルタナティヴ」として70年代に台頭した角川映画のメディアミックス戦略ときわめて高い親和性を示した一方、これらの作品群に対する蓮實重彦らの評価は冷めたものであった。

しかし、時代がデジタルメディアに転換しつつある近年になって、彼らの仕事はやはり急速に再評価されてきている。そして、そんな彼らの「画面」は、いまや『君の名は。』の新海誠やInstagramのそれへと連なっているのである。高瀬が述べていたように、今日、「アニメを映画と比べるならば、その角川映画や市川崑監督の系譜のようなポストメディウム的なものこそが重要なモデルになりつつある」のだ。

まとめよう。ぼくたちは、おそらくポスト撮影所システム時代の現代日本映画に、「明るい画面の映画史」と「暗い画面の映画史」という2種類の潮流を仮説的に見出すことが可能だ。そして、これまでの映画批評で相対的にポジティヴに評価されてきたのは、おもに後者のほうの作家や作品だった。しかし、前者の系譜は、いってみればそうした古典的な「シネマ」の理念や慣習をポストメディア的に撹乱してみせる「ポストシネマ的」とでも呼べるような創造性の、重要な起源のひとつとしてみなせるのではないだろうか。

そのささやかな傍証となるかどうかわからないが、最近のぼくが感じることでいえば、ここにはまさに赤坂のような表象不可能性の問題とも馴染み深い蓮實重彦の仕事の変化が挙げられる。近年の蓮實の仕事や主張に明らかな態度変更が見られることをぼくはかねてから指摘してきたが、それはここ最近彼が出した新著からもますます如実に感じられた。

たとえば、蓮實にとって初の単著の新書として2020年に刊行された『見るレッスン――映画史特別講義』（光文社新書）では、「とにかく、ごく普通に映画を見ていただきたい。［…］もっぱら自分の好きな作品だけを見つけるために、映画を見てほしい」(3頁)と読者に鷹揚に語りかけている。ここには、あの「あなたに映画を愛しているとは言わせない」(蓮實のウェブサイト名)と喝破したかつての「深さ」はなりを潜め、代わってあっけらかんとした(蓮實らしからぬ)「フラットさ」(浅さ)が露呈している。また、前後して刊行されたジャズ評論家・瀬川昌久との対談集『アメリカから遠く離れて』(河出書房新社)では、これまでほとんど言及されることのなかった音楽やアニメ(!)について語っていたりするのだ。こうした蓮實の態度変更にも、どこか「明るい画面」のパラダイムの全景化と関係するものがあるような気がしてしまう。

さて、蓮實論はまた別の場でゆっくり再開するとして、もちろん、ぼくもまた、「暗い画面の映画史」の系譜の重要性を低く見積もるわけではまったくない。作品として偏愛し、高く評価する映画も数多くある。しかし、批評家として、21世紀の映画や映像文化の動向を考えるときにより興味深く、賭けてみたいのは、「明るい画面」のほうである。ここで名前を触れた大林や岩井、新海、庵野、市川崑といった監督以外にも、おそらく川島雄三や岡本喜八、中平康、実相寺昭雄……といったひとびとがこちらの系譜に含まれるように思われる。こうした観点から、従来の日本映画史の見取り図を刷新することも可能だろう。

第6章　20世紀の「画面」の映画史

21世紀映画の「明るい画面」と「暗い画面」

これまでの議論で、ぼくはつぎのようなことを述べていた。

20世紀から21世紀にいたる映画の画面には、「明るい画面」と「暗い画面」と呼べるようなふたつの対照的な傾向（系譜）がある、そして、2020年代の「新しい日常」の映画では、そのふたつの画面の違いが顕著に現れてくるだろう、と。

まず、「暗い画面」にかんしては、第3章を中心に、深田晃司監督の『本気のしるし〈劇場版〉』（2020年）や三宅唱監督の『呪怨：呪いの家』（2020年）、ペドロ・コスタ監督の『ヴィタリナ』（2019年）などの作品群を例に見てきた。コロナ禍のstay homeを露悪的に絵に描いたかのように薄暗い「密室」に世界が閉じ込められているこれらの映画では、――グレアム・ハーマンのポストヒューマンの哲学のように――「つながり」や連続性よりはむしろ断絶や孤独、非連続性の要素が過剰に前景化されている。

こうした近年の映画の「暗い画面」たちは、ぼくの見るところでは、早くはゼロ年代の後半くらいから現代の映画やアニメーションの世界で台頭するようになった「明るい画面」の作品たちへのある種の対抗として理解できるものである。第1章で中心的に検討したその「明るい画面」の映画とは、新海誠や京都アニメーションのアニメ、アリ・アスター監督の『ミッドサマー』(2019年)、トレイ・エドワード・シュルツ監督の『WAVES／ウェイブス』(2019年)、そして、ジョージ・クルーニー監督・主演の『ミッドナイト・スカイ』(2020年)といった作品群に典型的に表れている。あるいは、それは第1章と第4章で取り上げた小野勝巳監督のテレビアニメ『ヒプノシスマイク -Division Rap Battle-』Rhyme Anima(2020年)が示すような奥行きを欠いたフラットな画面にもいえるだろう。

そして、こうした現代映画の「明るい画面」の背景にはおもに、メディア史と映画史が絡まりあったふたつの文脈がかかわっていることも前章で論じてきた。

ひとつは、現代の「暗い画面」の映画たちが断絶や非連続性のイメージを打ち出していたように、これら「明るい画面」の映画たちはInstagramやSpotify、あるいはNetflixといった「つながり」＝連続性や接続のイメージに基づくデジタルデバイス特有の「画面」の延長上にあるということだ。そしてもうひとつは前章で見たように、ポストシネマ的とも呼べるそれらの「画

図6-1

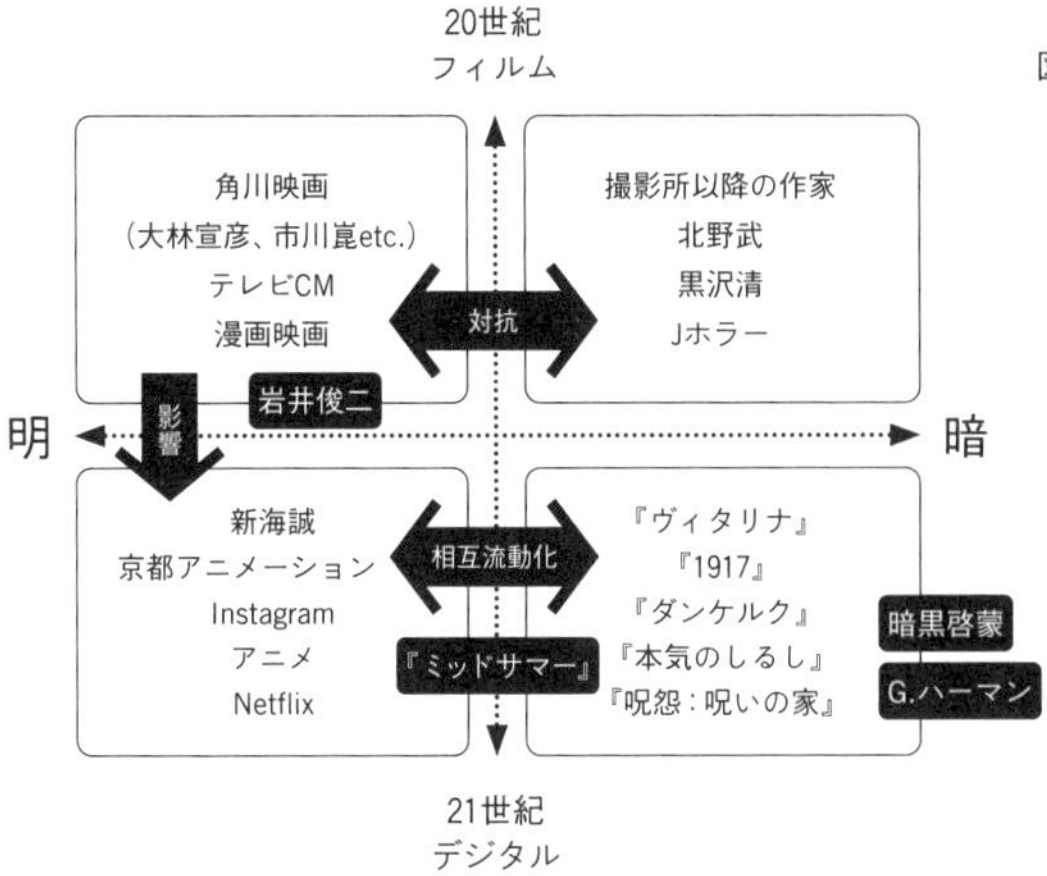

面」は、１９７０年代の大林宣彦、市川崑（と彼らを擁する「角川映画」）から１９９０年代の岩井俊二へとつながる、「オルタナティヴ」な日本映画史の延長上にも捉えられるということである。すなわち、現代日本映画史では、撮影所システムの機能不全に伴って登場したテレビ的な「明るく」「わかりやすい」新たな「画面」に対して、あえて「暗く」「わかりにくい」「画面」を志向し、現代映画的な倫理を模索する監督たちの系譜が見出される。その「暗い画面」の現代映画史はいわばシネフィル的な映画批評における一種の正統的な系譜を形作る（その流れに、たとえば黒沢清監督『スパイの妻〈劇場版〉』［２０２０年］の「密室」や「暗い画面」もある）。しかし、現代の「明るい画面」の映画作家たちとは、そうした系譜からはさらに一線を画し、もうひとつのポストシネマ的な可能性を目指しているのではないだろうか、というのがぼくの仮説だ。「明るい画面」の先駆的作家である岩井俊二のＺｏｏｍ映画『８日で死んだ怪獣

の12日の物語　劇場版』（2020年）の切り返しのないフラットな画面も、アニメ『ヒプマイ』同様、この「明るい画面」のパラダイムのうえにある。以上の議論を図6－1で示した。

「30／50」史観・再考

さて、提案したいのが、これまでの日本映画史に対する新しい見方である。

まとめると、これまでに描き出してきた現代日本映画の見取り図は、おおよそ1970年代（角川映画）、1990年代（岩井俊二）、2010年代（新海誠、京アニ）に映画の「画面」の「明るさ」と「暗さ」をめぐる関係性が大きく転換した時期だとみなせるだろう。1970年代は、撮影所システム崩壊以降の映画作家たちが「見えにくさ」＝「暗い画面」の倫理を追求していた一方で、市川や大林らの角川映画作家たちがテレビCM的な「わかりやすさ」＝「明るさ」を打ち出す新しい画面を模索していた。続く1990年代には、（本書ではあまり深く触れなかったが）家庭用ビデオなどの映像メディア環境の変化を踏まえて、高橋洋や小中千昭、黒沢清が「暗い画面」のJホラーを生み出した一方で、岩井俊二がデジタル技術を先駆的に駆使した「明るい画面」を作り「映像」の時代の幕を開けた。そして2010年代には暗黒啓蒙や加速主義的なリアリティが暗く世を覆う一方で、「インスタ映え」を模したような新海誠や京アニの高解像度の「明るい画面」が映像文化を席巻していった。では、ここに従来の日本映画史観を重ね合わせると、どんなことがいえるだろうか。

たとえば、従来の日本映画史の見方を、ここでかりに「30／50」史観と呼ぼう。これは、125年におよぶ日本映画の歴史のなかで、1930年代と50年代を重要な転換点だと見る歴史観を意味する。こうした史観はごくありふれている。たとえば近年にいたっても、四方田犬彦は日本映画史の教科書的な著作で以下のように書いている。

> 日本映画の歴史をふりかえってみると、それが過去に二度にわたってある頂上に達したことがわかる。第一回目は一九二〇年代後半から一九三〇年代にかけて、第二回目は一九五〇年代から六〇年代前半である。最初の絶頂期は、日本映画が無声からトーキーに移行する過程で生じた。［…］松竹、日活の他に、トーキー技術の開発によって発展した東宝が新しく参加し、溝口健二や小津安二郎といった作家たちが自己の文体を確立するにいたった。［…］
> 第二の絶頂期は、敗戦後のGHQによる占領が終了し、日活が製作を再開した一九五〇年代に始まっている。六つの大手会社がプログラム・ピクチャーを量産する傍らで、独立プロが健闘し、映画産業は大衆娯楽の中心として、驚くべき発展を見せた。一九五八年には観客数が一一億を超し、史上最高の数値を示した。［…］黒澤明、溝口健二、衣笠貞之助といった巨匠たちに国際的な照明が投じられ、フランスと時期を等しくするかのように、松竹、日活、大映からニューウェイヴの監督が次々とデビューした。（『日本映画史110年』集英社新書、36

〜37頁）

これが「30／50」史観であり、多くの日本映画史の記述も同様の見立てを持っている。しかし、ここまで現代映画の画面の系譜をたどってきたわたしたちは、あらためてこの見方を相対化すべきときに来ているのではないだろうか。

「50年代ハリウッド」の問題——蓮實重彦の問題設定

たとえば、こうした「30／50」史観は、1970年代から現在まで、日本の映画批評で絶大な影響力を持ってきた蓮實重彦の言説についても、さしあたり長いあいだ変わらなかった。蓮實は、かつて1980年代半ばごろから、映画史的なテーマに積極的に取り組んできた。それは具体的には、彼が「50年代ハリウッド」と名づけていた問題である。蓮實のいう「50年代ハリウッド」をめぐる問題とは、ようはいわゆる「古典的（ハリウッド）映画」と、それを支えていた「撮影所システム」の盛衰にかかわっている。

19世紀末に誕生した映画は、まず視覚的なアトラクション性を売りにした「初期映画」の時代を経て、だいたい1920年代末から30年代の半ばにかけてのハリウッドを中心として、その表象システムの巨大な変化を迎えたとされる。すなわち、そこではそれ以前からの「画面」

を彩っていた多種多様な視覚的な効果がいっせいに禁欲され、反対に、もっぱらだれにでも理解可能な「物語」の一貫性・連続性（蓮實の言葉では「説話論的経済性」）に奉仕する機能が洗練されていった。それらの映画を古典的ハリウッド映画という。また、こうしたタイプの映画の量産を、30年代をピークに制度的に維持し続けたのが、各メジャー映画会社による撮影所システムであった。さらに、この「視覚的な効果から説話論的な経済性の優位へ」という移行は、ハリウッドに限らず、同時期の世界各国の映画にも波及していく。そして、この移行は、さらに古典的映画から「ポスト古典的映画」への移行として展開していき、その変化は、「物語からイメージの優位へ」（『ハリウッド映画史講義』）という標語で要約されることにもなる。

蓮實によれば、「50年代ハリウッド」とは、複合的な要因によって、こうした古典的（ハリウッド）映画と撮影所システムの形成していた「大文字の秩序」が一挙に崩壊し始めた時期にあたる。蓮實によるこの「50年代ハリウッド」（古典的映画の成立と崩壊）をめぐる問題意識は、1980年代以降、少なくとも20世紀の終わりごろまでは継続していたと考えてよいだろう。たとえば、それは2001年のある講演においてもなお、「サイレントからトーキーへの移行、モノクロームからカラーへの移行、あるいは近年起こりつつあるデジタル的なものの導入といったテクノロジーの変化」とは比較にならないほど重要な、映画史がもちえた数少ない「認識論的な断絶」として、やはり30年代から50年代にかけて起こった「画面の視覚的な効果からその物語的な機能の充実へという映画史的な変化」が問題とされていることにも如実に表れている（「21世紀の映画論」、『映画論講義』東京大学出版会、３２２〜３３３頁）。ひとまずここではハリウッドを問題にしているのであれ、蓮實もまた、映画史のブレイクスルーを１９３０年代と１９５０年代に置いていたことには変わりない。その意味で、彼もまた、四方田と同様、「３０／５０」史観を明確に共有していた。そして、先だって１９３０年代における「古典的映画」の成立は、ほぼ同時期に世界各国の映画にも波及していったと述べたが、２０００年代以降の蓮實がそれをいみじくも「伊藤大輔から山中貞雄への覇権の移行」としばしば形容しているように（「21世紀の映画論」）、それは日本映画史にも同様に当てはまるものであった。

２００７年の蓮實のメディア論的転回

ただ、そうした蓮實の批評言説に、２００７年ごろから変化が見られてきた。

たとえば、蓮實は、ひとまず１９９０年代後半の時点では「映画史」を専攻していることを自認していたはずであったのが、２０００年代の後半には、「映画に歴史は存在しない」とやや唐突に断言し、自らが「映画史家」と紹介されることに激しい抵抗感を表明するようになる。そして、それ以後、現在までの蓮實はむしろ、かつて１９８０年代半ばから積極的に取り組んできた映画史的なテーマ、つまり、「５０年代ハリウッド」の問題を自らうやむやにするかのように、映画はその草創期のグリフィスや１９３０年代の古典的映画の時代にすでにして「崩壊前夜」を生きていたのだ、というかにも「非歴史的」な主張を繰りかえすようになるのである（『映画崩壊前夜』）。そして、おそらくはその最たる事例が、２００７年の国際シンポジウムでの講演で表明された、「あらゆる映画はサイレント映画の一形態である」という、ある意味でいかにも「反動的」かつ「ポスト歴史的」な仮説だった（「フィクションと「表象不可能なもの」――あらゆる映画は、無声映画の一形態でしかない」のタイトルで、石田英敬、吉見俊哉、マイク・フェザーストーン編『デジタル・スタディーズ第1巻　メディア哲学』所収）。

つまり、２０００年代後半における蓮實の転回とは、ようはこうした映画史的な問題意識の（さしあたりの）再考あるいは放棄とも見ることができる。それでは、近年の蓮實のこの「転回」（ポスト歴史的転回？）とでも呼びうるものは、いったい何を意味しているのだろうか。ここで興味深いのは、この「転回」を迎えたと思われる時期が、２００７年から２００８年にかけてのことだという事実である。

そう、それは図らずも、国内の映像も含まれる情報メディア環境において、動画サイトやSNSなど、いわゆる「Web2.0」と呼ばれる新たなプラットフォームが台頭しはじめ、「ポストメディウム」や「ポストシネマ」といった文化状況が本格化していく過渡期でもあったということだ。そして、いうまでもなくそれは「２００７年の世代」の台頭してきた時期でもある。ぼくにとっては、このポストメディウム的状況の到来と、蓮實の「転回」とは、確実に通底しているように思えてならない。

したがって、おそらくいまぼくたちに求められているのは、この蓮實の「転回」を越えて、今日のポストメディウム的状況を踏まえたうえでの、映画批評や映画史をめぐる新たな「歴史的／メディア論的」パースペクティヴの構築なのだ。

ポスト日本映画史が始まる

日本映画史研究を専攻するぼくにとっては、それは映画史的なパースペクティヴの「可能性の中心」を、蓮實や四方田をはじめこれまでの映画史家や批評家たちがなかば自明視してきた「1930年代から1950年代」に代わり、「1970年代から1990年代」の時期に置きなおすという作業になるように思う。たとえば、哲学研究者で映画にも造詣の深い入江哲朗はその蓮實論のなかでやはり彼の「50年代ハリウッド」の問題に触れながら、「一九三〇年代の巨匠たちと五〇年代の犠牲者たち。この構図に伝統の継承者としての「73年の世代」をつけ加えれば、二〇年をひとつの周期とするリズムが存在するかのような印象が得られる。そしてこの架空のリズムに身を委ねれば、一九九〇年代とは、二〇一〇年代とは、映画にとっていかなる時代なのかという問いへと導かれることになるだろう」（「シネマとアメリカ――蓮實重彦のふたつの顔――」、工藤庸子編『論集 蓮實重彦』羽鳥書店、511頁、傍点引用者）と記していた。

これらを踏まえて考えれば、ごく自然に、ポストメディウム的状況における日本の映画史的なパースペクティヴが、「30・50年代」のリズムから、「70・90・10年代」のそれへと移行することに思いいたるだろう。だとすれば、わたしたちは日本映画史のリズムを、「30／50」から、「70／90」（そして10?）のほうに移行させせなければならない。そしてその意味で、「明るさ／暗さ」の画面の系譜から映画史を辿り直すことは兆候的な意味を持つだろう。

おそらくわたしたちはこれまでの日本映画史とは異なる、ポスト日本映画、あるいはここでは詳しく検討できなかったが、ポストハリウッド映画史などを新たに構想しうるのではないだろうか。

草創期の「明るい画面」にもたらしたヘンリー・小谷の変革

さて、以上の論述で、コロナ禍を前後する21世紀の国内外の映画に「明るい画面」と「暗い画面」の到来という不可逆的な変化が起こってきており、それが現代映画や映画史を捉えるうえで非常に示唆に富むということが、さしあたりおわかりになっていただけたかと思う。

さらに、この章では20世紀後半から21世紀にかけての映画史的な記述の見直しを素描してみたのだが、最後に、この点をより広く俯瞰して、同じことが逆の、草創期から20世紀半ばまでの日本映画史でどのように展開できるのか、簡単に見取り図を示して締め括ることとしたい。

ここで参照に値するのが、おそらくは日本映画研究者の宮尾大輔によって提起された「影の美学」と、同じく映画史やメディア史の研究者である滝浪佑紀が定式化する「〈明るさの映画〉」というふたつの議論である。

たとえばよく知られるように、COVID-19が猖獗《しょうけつ》を極める現在からほぼ正確に1世紀を遡る1918年から20年にかけての時期にも、「スペイン風邪」という未曾有のパンデミックが世界的に起きていた。またつけ加えれば、(約10年の誤差はあるものの)やはりほぼ同時期には日本で大規模な震災も起きている。きわめて興味深いことに、いわば20世紀における「新しい日常」が幕を開けた1920年代から30年代にかけての日本(やハリウッド)の映画にも、じつは2010年代に始まり、2020年代のいまにいたるのと似たような「明るい画面」と「暗い画面」の攻防がはっきりと確認できるのである。

映画における照明法の変遷というユニークな視点から新たに日本映画史の書き換えを試みた宮尾によれば、現代のコロナ禍から正確に100年前の1920年に、日本映画の画面を枠づける明暗表現にある決定的な変革がもたらされたという。

この年に、1910年代から草創期のハリウッドでカメラマンとして活躍していたヘンリー・小谷(小谷倉市)が同年に創立された松竹キネマ(現在の松竹)の蒲田撮影所の撮影技師長として迎えられたことが、それであった。小谷は1922年に松竹を退社するまでのわずか2年のあいだに、日本の映画業界にハリウッド仕込みの撮影や編集技法、とりわけ立体的な照明法をつぎつぎともたらし、日本映画の画面を劇的に進化させたのだった。

そもそもそれ以前の草創期（１９１０年代）の日本映画の「画面」は、きわめて単調な「明るさ」だけが支配するものだった。たとえば、日本で最初の職業映画監督であり「日本映画の父」と呼ばれる牧野省三の遺した映画製作にまつわる有名なモットーに「一．ヌケ、二．スジ」がある（現在では「一．スジ、二．ヌケ、三．ドウサ」という言い方が一般的だが、宮尾によれば牧野の本来の表現は違っていた）。ここで牧野が映画にとってもっとも大事な要素だという「ヌケ」とは「画面の抜け」、要するに撮影・現像の技術による「画面の見やすさ＝明るさ」のことであった。当時の日本映画は歌舞伎の照明法の影響を受けた平板な正面からのライティング（まだレフ板の正確な使い方さえ知られていなかった）、光と影のコントラストの弱い照明法による、単調でフラットな「明るい画面」しか存在しなかった。そこに小谷がハリウッド直輸入のハーフトーンのグラデーションを伴った先進的な照明法（スリー・ポイント・ライティング）を導入し、日本映画の画面を近代化していったのである。

その意味で、日本映画史では１９２０年代においてはじめて、「明るい画面」と「暗い画面」のコントラスト（グラデーション）が本格的に形作られるようになったといえるだろう。ここから、日本の映画文化、というよりも映像文化全体のなかで「明るさ」と「暗さ」をめぐる独特の文化的磁場が姿を現していくのである。

「明るく楽しい」蒲田調の「明るい画面」

たとえばまず、先の小谷が日本にハリウッド由来の繊細な照明設計の技術を持ち込んだとはいっても、1920〜1930年代の日本映画のトップに君臨していた松竹の映画が、基本的には草創期の牧野的な画面を引き継いだ「明るい画面」であったことも重要である。

その「明るさ」を象徴する典型的なジャンルが、なんといっても1924年に蒲田撮影所長に就任した名プロデューサー・城戸四郎が推進した「松竹蒲田調」と称された戦間期の一群の現代劇だ。蒲田調とは、それまでの松竹映画の主流だった保守的スタイルの新派メロドラマとは異なる、当時の近代化する東京の郊外を舞台にした、明朗快活で洗練されたモダンなスタイルを指す。小津安二郎監督の『大人の見る繪本　生れてはみたけれど』（1932年）をはじめとするいわゆる「小市民映画」が有名だが、ほかにも牛原虚彦監督と鈴木傳明主演のコンビによるスポーツ青春映画、斎藤寅次郎監督のナンセンスコメディなどが続々と作られた。そして、そうした蒲田調のスローガンが、ほかならぬ「明るく楽しい松竹映画」だったのである。それは、「松竹としては人生をあたたかく希望を持った明るさで見ようとする」（『日本映画伝――映画製作者の記録』文藝春秋新社、40頁）という城戸の表明からも如実に窺われる。

さらに宮尾によれば、この蒲田調はそうした気分（趣味）としての「明るさ」のみならず、撮影＝画面の「明るさ」をも意味していた。そして、蒲田調を作り上げた松竹のカメラマンたちが理想としていたのが、彼らが「パラマウント調」と呼んで尊敬していたハリウッドメジャーのパラマウントの映画が印象的に設計していた美しいハイ・キー・ライティングの画調だったのである。そして、このパラマウント（正確にはその前身会社のフェーマス・プレイヤーズ・ラスキー・スタジオ）こそ、ヘンリー・小谷が所属し、巨匠セシル・B・デミルらのもとで「ラスキー・ライティング」と呼ばれる照明法を学んだ撮影所であった。そして、この蒲田調の「明るい画面」が林長二郎（のちの長谷川一夫）の時代劇映画の画面作りなどにもつながっていくことになるのだ。

小津安二郎の「〈明るさの映画〉」

また、一方で滝浪佑紀は、この蒲田調の代表的監督でもあった小津安二郎のサイレント時代の作品をめぐる研究において、ほぼ同じ時期（1920年代後半）の日本映画にはハリウッド映画から影響を受けた、また別の「明るさ」の要素が存在したことを指摘している。それが、彼が「〈明るさの映画〉」と名づけるものだ。

小津が映画作家としてのキャリアをスタートさせた一九二〇年代後半日本において、ハリウッド映画の本質は〈動き〉と〈明るさ〉の性質にあると見なされていた。〈明るさ（lightness）〉とはここで、「重さ」にたいする「軽さ」、「暗さ」にたいする「明るさ（brightntss）」、さらには「朗らかさ」、「快活さ」といった、ハリウッド映画が一九二〇年代後半日本における大衆文化という文脈のなかで持っていた感覚を指している。［…］

時代としては、〈明るさの映画（cinema of lightness）〉は、「アトラクションの映画」［註：まだ物語のつかない、草創期の映画］につづく、一九二〇年代中盤から後半にかけてのサイレント映画最後期に存し、地域としては、第一次世界大戦以降のグローバルな政治経済システムの移行に規定された歴史的で地政学的な状況のために、とりわけ日本（および「狂騒の二〇年代」に沸いたアメリカ）においてもっとも明瞭に照らし出されていた。（『小津安二郎　サイレント映画の美学』慶應義塾大学出版会、14〜21頁）。

一般的にぼくたちがよく知る戦後の小津安二郎が『晩春』（1949年）や『東京物語』（1953年）など、しばしば日本的侘び寂びにもなぞらえられる、保守的なホームドラマ（いわゆる「小津調」）を量産していたように見られることに比較し、戦前（あるいはサイレント時代）の彼が、むしろエルンスト・ルビッチやキング・ヴィダー、ウィリアム・A・ウェルマン、ジョゼフ・フォン・スタンバーグといったハリウッド監督たちからの圧倒的な影響を受けた非常にモダンでスタイリッシュな作品を手掛けていたことは映画ファンならよくご存知だろう。

滝浪によれば、小津を筆頭とする1920年代後半の日本では、こうしたサイレント時代のハリウッド映画のスタイルから大きな影響を受けていたが、そこで彼らが注目していたのはそれらの映画がいきいきと描き出す映画ミディアム特有の「〈動き〉」の印象であり、それを「明るさ」という語彙で表現していたという。「ここで注記したいのは、「明るさ」と「ソフィスティケーション」という語はともに、ハリウッド映画が大衆モダン文化の隆盛という歴史的文脈のなかで持っていた感覚、とりわけ憧れの対象としての「モダンなもの」に結びつけられた感覚を指していたということである。そしてこの感覚を名指すために、もっとも頻繁に使われたのが〈明るさ〉という語だった」（前掲書、36頁、原文の傍点は削除）。たとえば、先ほどの牛原虚彦のスポーツ青春映画にせよ、そこでは男性主人公のスペクタクル的なアクション動作を介して、「健康的」な「〈動き〉」としての「明るさ」が表象されていたというのである。

ここから滝浪はフランスのフォトジェニー理論を含むサイレント映画時代の映画美学とサイレント時代の小津の映画美学がいかに同時代的に共振していたかを巨細に解明していくのだが、いずれにしても、この滝浪の議論は、「明るく楽しい」蒲田調の映画が一方で多様な「明るさ」をはらみながら製作され受容されていた実態の一端を垣間見させてくれるものである（また、そもそも戦後の小津調時代の小津作品の画面にせよ、『監督　小津安二郎』の蓮實重彦が「白昼の光線の作家」と呼んだように強烈な「明るさ」をまとっていた）。

『陰翳礼讃』と「影の美学」の出現

以上のように、1920年代から30年代の日本映画は、同時代のハリウッド映画の多大な影響を受けながら、総じて「明るい画面」を志向していた。

ただ、やはり事態がそう単純ではないのは、この松竹蒲田的な「明るい画面」や「明るい映画」が花開いていた時期に、そこでは対極的な「暗い画面」、あるいは宮尾のいう「影の美学」が産声を上げていたという事実である。宮尾が整理するところによれば、日本映画ではだいたい蒲田調が終わりを迎える1937年頃から松竹映画的な「明るさ」が映画批評家やカメラマンたちのあいだでこぞって批判され始め、反対に「影の美学」といえるようなものが声高に叫ばれ出したという。

たとえば、松竹の美術監督を務めていた芳野尹孝は、後年の1970年代末——大林宣彦と角川映画が「明るい画面」を作り始めていた時代——に、この時代の日本映画に見られ始めた傾向を「陰翳の美学」という言葉で言い表していた(『映画照明』8月号)。この芳野の「陰翳の美学」という表現は、時代背景を考慮すると、その「元ネタ」にたちどころに気づくだろう。そう、「明るく楽しい松竹映画」全盛の1933～1934年に発表され、1939年に単行本としてまとめられた谷崎潤一郎の文明論的随筆『陰翳礼讃《いんえいらいさん》』である。いまなお日本文化論の代表的名著として海外でも広く読まれているこの文章で谷崎は、よく知られるように、関東大震災後に急速に欧風化し古来の江戸情緒が消えゆく当時の日本社会を憂え、人工的に影を消していく西洋文化と比較し、むしろ自然の陰翳のなかで美を作り出す日本独特の芸術精神や美意識を称揚したのだった。

しかし、彼がこの随筆を記した昭和初期の日本は、皮肉にも、じつのところ世界でも屈指のネオンサイン（電気照明）文化が成立しており、大都市では夜の闇を白く塗り替えるほどの煌々とした「明るさ」で満たされていた。すなわち、繰り返すように、1920年代から30年代の日本の映画・映像文化では蒲田調からネオンサイン文化にいたる「明るい画面」の趨勢が絶頂を迎えた一方で、『陰翳礼讃』的な「影の美学」＝「暗い画面」の価値が打ち出されていた両義的な時代でもあったのである。事実、ヘンリー・小谷に師事し、戦後日本を代表する名映画カメラマンのひとりとなった碧川道夫は、共著『映画撮影学読本』（1940年）のなかで谷崎の『陰翳礼讃』を映画カメラマンの「教養」として挙げた（「カメラマンの生活と教養」、上巻、65頁）。

さらに、この「明るい映画」から「影の美学」へのヘゲモニー移行は、ある側面で「松竹から東宝へ」のそれとしても表れた。まさに松竹蒲田調が終焉を迎える1937年に「東宝映画株式会社」となった東宝は、こうした戦時下へと向かって拡大していく「影の美学」をもっともよく体現するスタジオとなっていった。その事実を宮尾は、蒲田調の「明るい画面」を受け継いだ時代劇で松竹の大スターとなった長二郎が、本名の「長谷川一夫」に改名して移籍した先の東宝でいかに「影の美学」をまとって「暗い画面」のなかで演じたかを、山本嘉次郎監督

図6-2

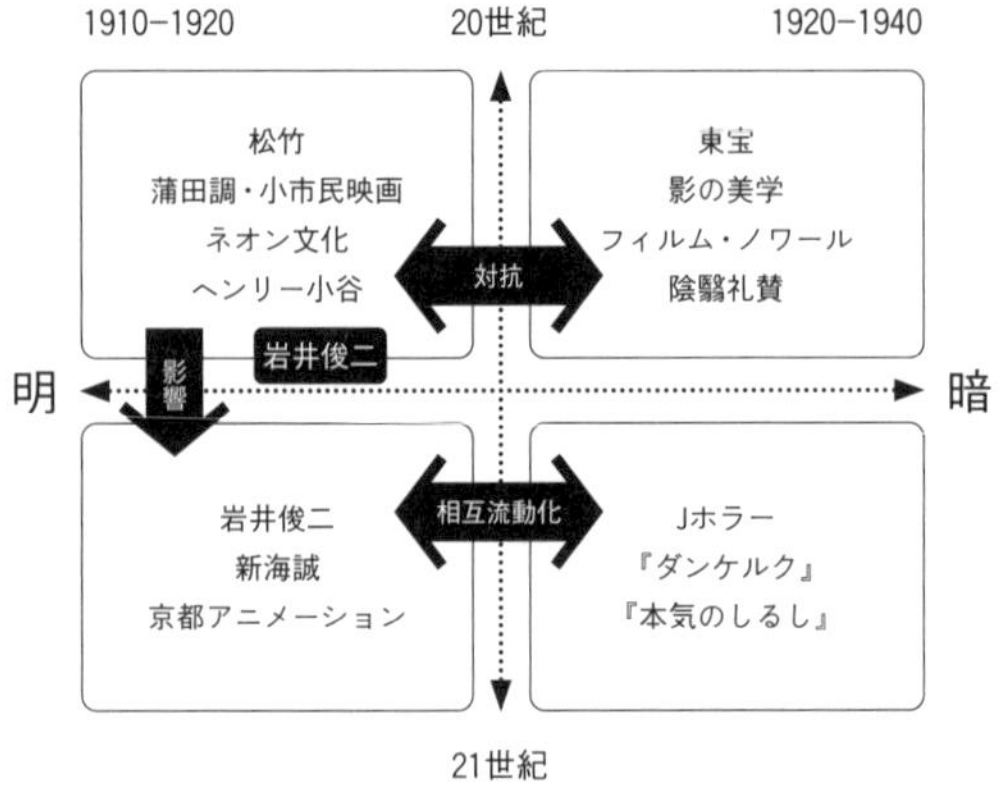

『藤十郎の恋』（1938年）を例にたくみに分析している。

いずれにせよ、ぼくたちはこの戦前の日本映画の「明るい画面」と「暗い画面」のコントラストの絡まり合う文化状況に、今日の同様の見取り図と非常に重なるものを認めることができるだろう。図6－2は、以上の観点から、「明るい画面」と「暗い画面」の映画史をもう一度まとめ直してみたものである。

さらにここには第2章のＺｏｏｍ映画の考察の箇所で触れた現代の映像文化におけるタッチパネル的な「ハンドメイキング」＝触覚性の問題との共通性も見出せる。柳田國男の『明治大正史 世相篇』から松山巖の『乱歩と東京』まで、1920年代を「視覚優位の時代」として描き出す文献は数多い。しかし、じつはそれゆえに、著名な「触覚芸術論」が作中で語られる江戸川乱歩の短編小説『盲獣』（1931年）に象徴されるように、当時は「触覚」への関心が密かに高まった時代でもあったのである。この意味で、1930年代という時代もまた、やはり２０１０年代や90年代、70年代……と同じリズムを刻んでいたといえそうだ。

「影の美学」＝「暗い画面」のゆくえ

ともあれ、「映画撮影における「影の美学」は、１９３０年代後半から１９４５年の間の主要な映画と批評の中にその姿を現した。「影の美学」は、戦時下の映画文化の複雑な状況を体現していたと言ってよい」（『影の美学――日本映画と照明』笹川慶子・溝渕久美子訳、名古屋大学出版会、１７０頁）と宮尾は書く。すなわち、日本映画の「影の美学」とは、もとよりハリウッド映画の美しいロー・キー・ライティングに憧れながら戦時下の厳しい機材不足などの状況下にあった当時の映画カメラマンたちが、国家主義に迎合する日本的なイデオロギーとしての「陰翳礼讃」を取り入れながら正当化した概念であり表現だったのである。

そして、ここにはハリウッドの「暗い画面」＝「暗黒映画」の典型的ジャンルである「フィルム・ノワール」の文脈も結びつく。フィルム・ノワールとは、１９４０年代から１９５０年代にかけて、ハリウッドで量産された低予算（B級の）の犯罪メロドラマであり、ハードボイルド小説を原作として、映像面ではドイツ表現主義などの影響を受けた文字通り極端なロー・キー・ライティングの明暗表現で知られている。

1934年にハリウッドから帰国し、東宝の専属カメラマンになった「ハリー・三村」こと三村明は、若い頃に名カメラマンのグレッグ・トーランドに師事して撮影技術を習得し、戦時下の国内の劣悪な条件のなかで、山中貞雄監督の『人情紙風船』（1937年）などの名作の撮影で、のちにトーランドが本格的に開発するいわゆる「パン・フォーカス」（ディープ・フォーカス）などに代わる質の高い映像表現（「縦の構図」など）を実現させる。そして、このトーランドがパン・フォーカスを存分に駆使したオーソン・ウェルズ監督・主演の傑作『市民ケーン』（1941年）が、フィルム・ノワールの重要なルーツになったことは知られる通りだ。

このあと宮尾は、宮川一夫が撮影を担当した戦後の市川崑監督『鍵』（1959年）――もちろん、原作はあの『陰翳礼讃』の谷崎潤一郎――にまでフィルム・ノワールとの共通性を見ようとする（前掲書、266頁）。そういえば最近、『市民ケーン』の脚本を担当したハーマン・J・マンキーウィッツの半生を題材にして、しかもパン・フォーカスをはじめとしたトーランドの同作の映像表現をそっくりそのまま再現してみせたデヴィッド・フィンチャー監督の『Mank／マンク』（2020年）がNetflixオリジナル映画として配信されたが、この『Mank／マンク』のモノクロの「暗い画面」にもまた、おそらくは映画史のさまざまな「陰翳」を読み取ることが可能である。

「画面」の映画史の過去・現在・未来

ともあれ、『影の美学』の宮尾は、草創期から戦後にまでいたる日本映画の「影の美学」の系譜をたどってきたあとで、最後に、このように議論を締めくくっている。

一九六〇年代にカラー映画がモノクロ映画に取って代わってから、一九七九年に芳野が「陰翳の美学」は「奥深いところにじっと潜んでいる」と述べるまでの約二〇年間、「影の美学」は忘れられたかのように見えた。そうした忘却は、一九六〇年代の高度経済成長とかかわりがあったのかもしれない。日本の将来は、明るく朗らかに見えたのだ。そして見えやすさを重視するテレビの流行の中に、「影の美学」の居場所はなかった。しかし、例えば二〇世紀末にブームとなったJホラー（日本製ホラー）映画の作り手たちは、日本の空間の中にある暗さや影に魅かれると語る。デジタル時代のまっただ中において、そうした作り手たちの「影の美学」に対する傾倒が意味するものは何だろうか。（前掲書、277頁）

明らかな通り、この宮尾の結論は、ぼくたちのこの議論にとってもことのほか重要だろう。ここで宮尾は、「「影の美学」は忘れられたかのように見えた」戦後の「約二〇年間」の有力な時代的要因のひとつとして、「見えやすさを重視するテレビの流行」を挙げており、またその後、ふたたび「影の美学」に接近し、「日本の空間の中にある暗さや影に魅かれると語る」「Jホラー（日本製ホラー）映画の作り手たち」が現れたとの歴史的な見取り図を描くが、まさにこれは、ぼくたちが第5章の議論で参照した『フレームの外へ』における赤坂太輔の映画史観を正確になぞっている（ここでいわれる「Jホラー（日本製ホラー）映画の作り手たち」に黒沢清が含まれることはいうまでもない）。あるいは、他方の『小津安二郎　サイレント映画の美学』の滝浪もまた、彼の提起する「〈明るさの映画〉」や「〈動き〉の美学」をデジタルシネマの文脈と類比的に語っている。であれば、やはりここでの映画史的なパースペクティヴを、本書で述べてきたコロナ禍のデジタル環境の映像と結びつけて考えることは有効だろう。

これ以上の議論は、また場所を変えて、あらためて展開したい。

このようにぼくたちには、おそらく100年単位の映画や映像文化の歴史のなかで、いまの「新しい日常」における「新しい」、「明るさ」と「暗さ」を伴った「画面」のゆくえについて批評的に検討することが求められているのだ。

第 2 部

画面たちの星座《コンステラツィオーン》

第1章　21世紀映画のインフラストラクチャー

第1章は、現代カルチャーを支える多様な環境や足場について考える原稿やインタビューを収録した。前半の3篇は、本書の中心的なテーマにも通じる現代の新たな「画面」を生み出す技術やインフラのメディア論的な意味について検討したもので、なかでも2018年に編集部から受けたインタビューは、短いながらもわたしの問題意識が簡潔にまとまっているため、本章の最初に置いた。2・5次元ミュージカルについてのエッセイは、リアルサウンドに寄稿した最初の原稿。また、「昭和回帰」について書いた2016年の『溺れるナイフ』レビューは同様の風潮がいわれる令和の現在に読み直すと意外に新鮮かもしれない。

〈ワールドビルディング時代の映像コンテンツと21世紀の文化批評〉

手法の変化・ワールドビルディングとパズルフィルム

21世紀を迎えた現在、映像コンテンツをめぐる環境は大きく変化しつつあります。具体的には、ストリーミング配信サービスの充実、スマートフォンの進化、そしてARやVRの登場などが挙げられるでしょう。そうした映像の視聴形態やその様式が多様化するなかで、映像／文化批評はどのようにあるべきなのでしょうか。

いくつか具体例を挙げながら考えてみたいと思います。

特に北米の映画業界で言われていることですが、いまの映像による物語コンテンツでは「ワールドビルディング」という手法がメインになってきています。

これまでの映画の脚本術は、古典的映画が遵守していた「ひとつの作品のなかで起承転結をはっきりつけ、観客に効率よく物語を見せる」というメソッドが長らく主流でした。しかし、

70年代以降のハリウッドで隆盛してきたメディア・コングロマリット、メディアミックスのような新たな産業構造の流れがそれまでの撮影所システムの衰退と入れ替わるように発展し、ひとつのコンテンツが多角的なプラットフォームで消費されるようになった。その結果、古典的映画のように、個々の作品ごとに物語をまとめていくよりも、作品がヒットした際にすばやく連作が出せるように、あらかじめ世界観を大域的に設定しておき、そのなかに適度に「謎」を読み込める「余白」を散りばめておく、というスタイルが広がってきたんです。たとえば、いまのハリウッドでのワールドビルディングの代表的なコンテンツが、（2018年）3月1日に日本公開される『ブラック・パンサー』も含まれる、「マーベル・シネマティック・ユニバース」（マーベル映画）です。

この手法の起源のひとつは、テレビドラマにあると思います。というのは、あらかじめ巨大な世界観を設定しておき、その上でサーガをメディアミックス展開して成功させるという手法は、『スター・ウォーズ』のジョージ・ルーカスが先駆的にやったことですが、彼は映画よりドラマ（あるいは連続活劇）の手法に大きな影響を受けていました。現代で言うと、代表的なのはやはり『スター・ウォーズ』をリメイクしているJ・J・エイブラムスです。彼は2000年代の初頭からテレビドラマを制作するようになり、なかでも象徴的なのは『LOST』シリーズ。放映当時、日本でよく言われていたように『新世紀エヴァンゲリオン』に構造が似ていて、第1話から作品の物語世界のなかにさまざまな謎を散りばめることで、視聴者を引っ張っていく。シーズンを追うごとに、話がメタ的になっていったり、梯子外しがあったり……というふうにして、作品が続けば続くほどノンリニアに物語をつないでいき、視聴者の関心を惹きつけるという物語構成（引きの脚本）になっています。こうした手法は映画というより明らかに連続ドラマ的であり、いま風に言えばNetflix的です。デジタル時代に適応した作劇術になっているんですね。

「ワールドビルディング」のメソッドは日本のコンテンツにも見られ、たとえば近年で増えている長編の連載漫画を原作にした実写映画、あるいは『HiGH&LOW』シリーズも同じ構造を持っています。国内外共通して、こうした物語表現の変化が見られるんです。

また北米の映画批評においては、こちらも2000年代から「パズルフィルム」というキーワードがトレンドになっています。映像メディアがデジタルに変化していくなかで、映画製作においても、パソコン上で膨大なフッテージ（未編集の素材）をいつまでも、いくらでも編集できるようになったので、作り手側で伏線が非常に張りやすくなった。また、観る側においてもDVDやBlu-rayなどのソフト、あるいはNetflixなどの映像配信によって早戻し、早送りが簡単にできるようになったため、映画の物語自体がどんどんパズル的になっていく、という現象が起こったわけです。クリストファー・ノーランの『メメント』（2000年）や、イエジー・スコリモフスキの『イレブン・ミニッツ』（2015年）など、一度バラバラになった物語を、もう一度組み立て直す、という作品も増えています。日本でもアメリカでも、こうした変化が急速に起きている。

これは、大きくはメディアの変化によるものです。こうしたメディア論的な視点から現代映画を捉える試みは、日本の映画批評においてはこれまであまり見られず、むしろ作家論も含めて、ここ数年は映像文化論などといわれる学術的な研究の方が先行している印象があります。ただ、映画批評にしろドラマ批評にしろ、いま必要なのはこうしたメディア論的な視点です。なぜか。もちろん、これまでも映画にしろ、テレビドラマにしろ、アニメにしろ、メディアの変化というものはあったわけですが、それは各ジャンルのなかだけで語れたものでした。しかし現在のメディア的な変化は、映画も音楽も、活字媒体も含め、ジャンルを貫通して、ひとつのプラットフォームのなかで同時並行的に起こっている。つまり、音楽でいうiPodからSpotifyへの変化を意識しなければ、デジタルシネマやKindleの変化の意義についても正確には理解できない、という状態になっているんです。それがデジタル化の本質ですよね。メディアの変化という地点から、映像の変化、あるいはカルチャー全体の変化について考えることが、非常に重要になっていると思います。

この点でひとつ例を挙げると、たとえばドラマにおいて、動画配信サービスの影響により、日本でも「binge-watching（ビンジ・ウォッチング）」＝〝一気見〟という視聴習慣が広まっています。Netflixでも1話見終わると、すぐに次の回に誘導されて、結局、まるで映画のように何時間も観てしまう。つまり、映画とドラマの視聴経験にあまり境がなくなってきていて、まったく別ジャンルだったものがフラット化している。

一方で、日本で言うなら宮藤官九郎、福田雄一、大根仁など、近年のテレビドラマの脚本家や演出家の撮る映画作品が注目されてます。彼らは共通して小ネタの使い方が巧く、大きな物語をつくるというより、シーンごとに楽しめるネタを散りばめてきた。これはリアルタイムの視聴を前提としたテレビドラマ的な手法で、ワールドビルディングと一見、対極的なものですが、メディアの変化により各ジャンルの相互流動性が高まっていることで、映画にもうまく転用されるようになったのではないか、ということです。

どのジャンルにもこのような二極化が見られ、中間的なものが弱くなっている、ということも言われています。一方では大きな物語を先につくってしまうワールドビルディングが主流となり、その一方では、小ネタ的な細部の面白さで勝負していく作品がある。全体が見えづらくなってきているメディア環境のなかで、どのように物語を提示するか、観客を惹きつけるか、という手法が、映像作品全体として重要になってきている。それは、現在のグローバル化社会、世界の構造をそのまま反映しているものと見ることもできるでしょう。

今後の批評のあり方について

重要なのはそのなかで、新しい世代、新しい読み手というものが、これまでにないような面白さや魅力を見つけていくということです。同時に批評においても、単純に作品が面白い／つまらない、良い／悪いという脊髄反射的なレビューではなく、新しい作品の背景にある大きな枠組みを語ることが求められ始めているように思います。そのなかで、このサイト（リアルサウンド映画部）の連載をまとめた宮台真司さんの『正義から享楽へ』や、菊地成孔さんの『菊地成孔の欧米休憩タイム』など、個別の作品を超えた論評ができる語り手の、厚めの本も読まれるような状況になってきているのかな、ということも感じています。

とは言え、批評の現場においては、作家論に近いことも当然、依然として求められています。ただそこで、例えば、『キンプリ』（『KING OF PRISM by PrettyRhythm』、２０１６年）のような新しい作品を作家論で語るのは違う気がしますが、その一方でジム・ジャームッシュの『パターソン』（２０１６年）のようなものを、ソーシャル時代の環境から読み解くというのも、どうも横滑りしているような感覚がある。

ただ、ひとつ言えるのはワールドビルディングというコンセプトの話にも繋がりますが、第一にひとつの作品、画面が、それだけで完結してクオリティや作り手の創造性を評価できるという考え方や、第二に映画なりアニメなり、あるいはスクリーンなりテレビ画面なりといったひとつのジャンルやデバイスに特化した批評基軸が有効性を持たなくなってきているということです。やはりＪ・Ｊ・エイブラムスを例に取るなら、彼は黒澤明やジョン・フォードのような創造性というより、二次創作的というか、オタク的な感覚で映画をつくっている印象があり、それをかつての大文字の巨匠と同じように論じてしまうと、その本質、面白さというものを見誤ってしまうでしょう。それは庵野秀明さんの『シン・ゴジラ』（2016年）にも同じことが言えます。また、『悪女／AKUJO』（2017年）のゲーム画面のようなオープニングや、全編デスクトップ上で展開する『アンフレンデッド』（2015年）、多種多様なスタイルが混在する『ポプテピピック』（2018年）などのコンテンツを、これまでの映画批評やアニメ批評の道具立てでひとつで論じるのも無理がある。レオ・スタインバーグの美術批評用語（「他の批評基準」）をもじっていうなら、これからの文化批評は「複数の批評基準」が、個々の作品ごとにますます求められていくことになると思います。

ゲームやVRと映像作品の関係

加えて、最近北米では「ゲーム・ムービー」と言って、ゲーム的なシステムや演出技巧を取り込んだ映画が非常に目立っている、という議論があります。本当にわかりやすいところで言うと、マーベル系の映画は完全にゲーム視点。昨年公開された日本のTVアニメ『宝石の国』（2017年）もそうですが、戦闘シーンがかつてとは違うんです。これまでであれば、戦闘アクションは、引きのショットを入れたり、キャラクターの動作をグッと溜めて見せるシーンを入れたりしていました。それが、最近の映画のキャラクターの動きは非常に滑らかで、それに付随するカメラの視点もキャラクターの肩の上などにあって、その動きに合わせて動き回る。このように、映像作品とゲームとのかかわりというものも、これから非常に重要なポイントになると考えています。

また、テクノロジーとの関係で考えるとＶＲの存在も大きい。トレンドのキーワードとして「リプリゼンテーション（表象）からエクスペリエンス（経験）へ」というものがあり、たとえば東京国際映画祭やヴェネチア国際映画祭でも、ＶＲが設置され始めています。ひとつの方向性として、おそらく映画においても、ヘッドマウントディスプレイをつけて、ＶＲでその世界を体験する、というふうになっていくでしょう。

そこで重要なのが、観客とカメラの「距離」の設定です。つまり、観客は想像的に物語世界に没入できるが、インタラクティブに触れ合うことができない、というのがこれまでの映画だったが、ＶＲやＡＲの特性として、その世界を経験するということが核心になってくる。そのときに、現在の映画のストーリーテクニックや視聴体験と齟齬をきたす部分が出てきます。一番の違いはＶＲだと映像の「編集」がなくなる、つまり線的な物語を作るのにはＶＲは不向きです。また、視点が激しく揺れると、「映像酔い」の問題も出てくるはず。現状ではＶＲは映画やドラマというより、ゲームやテーマパークのアトラクションと親和性が高く、オールドメディアの物語に浸透してくるのは、映画やドラマにもうひとつ、大きな変化があったときで、個人的にはしばらくは難しいだろうという気がしています。ただ、ちょうど１００年前の１９

20年代にも物語映画という新たな映像形式が成立し、それが30年代に花開きました。その歴史的な類推で行くなら、たとえば、これからNetflixやHuluで映画が配信されていくなかで、タッチパネル的なインターフェイスで画面内とのインタラクションが格段にできるようになると、2030年前後にまた文化的な大転換が起こるのではと期待しています。

〈デジタルテクノロジーと「見ること」の禁忌
――ポストカメラ的表現が映画にもたらすもの〉

バーチャルカメラとポストカメラの時代

昨今の映像機材の技術的進歩はすさまじい。

２０１８年９月末、アウトドア用ウェアラブルカメラ「GoPro」の最新機種「HERO7」が発売された。新たにつけ加わった機能のなかでも、とくに注目されているのが、いわゆる「ジンバル」（手ブレ補正器具）なしでも映像がまったくブレない、「スーパースムース」と呼ばれるものであるらしい（「Black」のみ）。

従来のGoProとの比較映像を確認してみると、たしかに新機種では、画面のブレが圧倒的に少なく、激しい動きのＰＯＶショット（一人称視点）でも、はるかにクリアな映像の撮影が可能になっている。GoProのような機材が映像制作に用いられるようになって久しいが、こうした完璧なまでに手ブレ補正が効いたウェアラブルカメラの登場によって、今後の映画制作にはどのような変化が起こるだろうか？

また、昨今の映画制作においては、バーチャルカメラやXRカメラといったガジェットも注目を浴びている。

バーチャルカメラとは、もともとはソフトウェアで作られたCG空間のなかに生成されるある種の仮想的なカメラアイのことである。本来は、CGアートの領域で認知されていた機能だが、他方で実写映像のカメラマンもまた、クレーン、ステディカムといった実写撮影と同様の機材を使用して、現実の物理環境にいながら、まるでデジタル映像世界に入りこんだかのように「撮影」できることで、現代の映画制作にも広範に導入され、革新的な影響を与えるようになっている。バーチャルカメラは『ブレードランナー2049』（2017年）や『レディ・プレイヤー1』（2018年）などの2010年代の話題作の映像でも用いられており、従来のCG映像での制作に比較して格段に簡単に、自在な映像（カメラワーク）が実現できるという。現実と見紛うばかりのバーチャルなCG世界を、現実のカメラマンの手が操るバーチャルカメラで動きを設計することにより、まさにGoPro映画以上に物理法則を気にしない、自由自在なカメラワークがいくらでも実現できることになる。他方のXRカメラとは、360度と180度ステレオ（VR180）を手軽に切り替え、SNSでもシェア可能な新型カメラのこと。いずれにせよ、バーチャルカメラプロダクションとリアルタイムレンダリングが組みあわさったバーチャルカメラシステムやXRカメラは、今後の映画の表現に少なからぬ影響を与えていくだろう。

アナログフィルムの時代ではありえなかった新たな性能を宿すデジタルテクノロジーは、今日の映像表現や演出にも無視できない影響を与えつつある。とはいえ、筆者はカメラマンでもエンジニアでもないので、純粋に技術的な側面から、その画期を語ることは難しい。

このコラムでは、おもに筆者の専門である映画批評や映像メディア論の視点でこれらの新世代デジタルテクノロジーの台頭に注目しながら、今後の映画表現や映画的感性に起こりうる変化の可能性について、ざっくりと論点を出してみたい。

GoPro映画のポストカメラ的なインパクト

映画ファンにはすでに知られていることだろうが、もとより、GoProを使った映像撮影は、ドローンと並んで映画や映像業界ではいまやすっかり一般化しているといってよいだろう。この、本来はアウトドア撮影を目的とした防水機能つき超軽量小型カメラが発売されたのは、2000年代なかばのことだが、その後しばらくして、映画の撮影にも用いられることになる。

筆者の見るところ、GoPro撮影の映像がひとびとにインパクトを与えたもっとも初期の例は、2012年ころから現れる。この年、GoProを駆使して撮影された劇映画とドキュメンタリーが相次いで公開された——すなわち、デヴィッド・エアー監督の『エンド・オブ・ウォッチ』と、ルーシァン・キャステーヌ＝テイラー&ヴェレナ・パラヴェル監督の『リヴァイアサン』である。

このうち、後者の『リヴァイアサン』の映像のもつインパクトについては、筆者もこれまでにもたびたび論じてきた。この映像人類学的な海洋ドキュメンタリー映画においては、舞台となる漁船に合計11台ものGoProがいたるところにセットアップされ、これまでの映画では見たことのないような、迫力ある「多視点的」なカメラアイを可能にした。手軽に持ち運べ、身体や物体のあらゆるところに装着でき、これまでは撮影が困難だったシチュエーションにも対応可能な「GoPro映画」は、当然のことながら、映画で映像化できる条件や範囲を飛躍的に押し拡げることに成功した。

三脚に固定され、あるいは人間の眼の高さに据えられた従来の「人間＝カメラマン中心的」なカメラアイやカメラワークは、いまや人間の手や重力から解き放たれ、ユビキタスな機動性を獲得しつつある。いみじくもGoProが発売された前後、何人かの映像研究者たちのあいだでは、「ポストカメラ」や「非擬人的カメラ」なる言葉が生まれていた。これらはデジタル技術の進展により、人間の存在や操作をかいさずに機能するようになった新たなカメラワークや映像表現を指す言葉だが、まさに今日の「GoPro映画」こそ、このポストカメラ映画の最たるもののひとつであり、HERO7がそれをますますラディカライズしていくことは間違いない。『リヴァイアサン』の映像が典型的なように、これまでのGoPro映像の激しい画面の揺れや振動は、映像に迫真性を付与する一方で、観客に映画としての見にくさも感じさせてしまっていた。HERO7の手ブレ補正機能は、GoPro映像におけるこの障壁を取り除くだろう。ハリウッドのマーベル映画の映像が代表的な例であるように、今日のカメラアイやカメラワークは、原理的に空間のあらゆる位置から視点を設定でき、どんな動きで映像を描き出すこともできる。

他ジャンルと映画の交錯

あるいは、以上のようなGoPro（的）映像の「規格化」は、——これ自体、デジタルメディア全般にいえる傾向ではあるが——（実写）映画のフォーマットに、別のジャンルやメディア、表現の文脈をハイブリッドに混淆させることも推し進めるだろう。

たとえば、この点で興味深い動きは、近年、大きな注目を集めている、いわゆる「一人称シューティングゲーム」（First Person shooter／FPS）の映像を模したような、スペクタクルな一人称視点の映像を中心に展開される新世代アクション映画の台頭である。

FPSとはその名のとおり、主人公視点＝プレイヤー視点（FPV）でゲーム内空間を移動し、敵と戦うアクションゲームを指す。したがって、画面にはつねに主観キャラクターの身体の一部しか映らず、キャラクターの全身像が映りこむ「三人称シューティングゲーム」（TPS）とは区別される。いずれにせよ、このＦＰＳ特有の映像演出を明確に意識した映画が、21世紀に入ってにわかに目立つようになってきたのである。イリヤ・ナイシュラー監督による全編が一人称視点によって作られた奇抜なＳＦアクション『ハードコア』（２０１５年）や、チョン・ビョンギル監督のサスペンス・アクション『悪女／AKUJO』（２０１７年）といった作品群は、その代表的な例である。

いちおう断っておけば、これらのいわば「ＦＰＳゲーム的映画」の一人称視点の長回し映像は、たいていはＣＧ処理がされており、『リヴァイアサン』のように、純粋にGoProで撮影された映像ではない。しかしながら、これらのＦＰＳゲーム的映画のカメラアイもまた、従来のカメラワークではけっしてありえなかったような、ミニマムな機動性、身体＝物体の動きに密着した視点を獲得しており、画面のルックにおいてGoPro映画とも多くの共通点をもつ（また、ここにはさらに、パソコンのデスクトップ画面上で全編が展開されていく昨今の「デスクトップ映画」の文脈も絡んでくるはずだが、それはまた別の話である）。

今回のHERO7の高い映像補正機能やタイムラプス機能、ライブストリーミング機能などは、これまでのウェアラブルカメラ映像をより「シネマライク」なものに近づけていくだろうが、こうしたGoPro（的）映像の「シネマライク化」は、いま起こりつつある「映画とゲームの融合」という事態をも、ますます促進させていくきっかけのひとつになると思われる。さらにいえば、かつてレフ・マノヴィッチが記したように（『ニューメディアの言語』）、現代のデジタル映像の本質が（「実写」から離れて）アニメーションに近づいている――押井守のいう「すべての映画はアニメになる」――のだとすれば、GoPro（的）映画はゲームに加え、アニメーションとも一体化していくことになる。実際、「アニメーション美学」を標榜しているポール・ワードが、かつてジェイ・デイヴィッド・ボルターを援用して、ビデオゲームを「再メディア化したアニメーション」と定義したように、いま、インディペンデントアニメーションとインディペンデントゲームのコラボレーションが急速に進んでいることも知られている（デヴィッド・オライリーや和田淳など）。

いささか駆け足でたどってきたが、GoProによる映画制作が、今後、映画の規範的な位置をますます撹乱し、さまざまなジャンルや表現（ゲーム、アニメーション、ライブ配信動画……）の文脈を呼び込むことはたしかだと思われる。

「表象」であることを伝えていた手ブレ／画面ブレと落下

だが他方、もちろんそのことで失われるものも少なくないだろう。

おそらくHERO7以降、２０２０年代のウェアラブルカメラの映像の一部は、この傾向がこのまま進めば、かつてのような映像の「手ブレ」や「画面ブレ」という要素そのものを過去のものとしていく。もしかしたら、映画やテレビ、そしてネット動画の観客・視聴者たちは、「手ブレ」という表現がかつて画面にはあったこともやがて忘れていくのかもしれない。手ブレや画面ブレは、さきほどの『リヴァイアサン』のエモーショナルな多視点的カメラワークも含めて、とりわけデジタルカメラが映画制作に本格的に使用されるようになった90年代以降、国内外のすぐれた映画作家たちにより、映像の新たなリアリティを体現するものとして自覚的に捉え直され、方法的に洗練されてきたという経緯がある。

このコラムでその詳細を述べることはできないが、たとえば90年代のラース・フォン・トリアーら「ドグマ95」の実践や、カメラマンの篠田昇とともにいわゆる「岩井美学」を作り上げた岩井俊二などを思い起こしていただければよいだろう。あるいは、およそ90年代末から2000年代になると、山下敦弘らが初期作品において、当時流行していた「フェイク・ドキュメンタリー」のスタイルをシニカルに取り入れた作品を撮るようになる。そして、なかでも面白かったのが、そのフェイク・ドキュメンタリーの形式を独自に追求していった白石晃士の作品群である。彼は自作のなかで、手持ちのデジカメの手ブレを活かして、そのままシームレスにつぎの異なるシーンに編集をつなげる「ブレつなぎ」といった、手ブレ（による画面ブレ）を逆手に取ったユニークな表現を生み出した。あるいは、手ブレを活かした風景映画を独自の映像理論（揺動メディア論）とともに作り上げた映像作家・佐々木友輔の活動もそこに含まれる。

こうした現代映画の数々の表現が示すのは、手持ちのデジタルカメラに特有の手ブレという技術上の制約を、創造的かつ批評的な表現に昇華した事例である。つまり、これらの表現は、いま観客や視聴者が観ている映像が、ふつうわたしたちの瞳が媒介なしに眼差している現実の世界そのままではないこと、なんらかの技術的・メディア的なフィルターをかいして表れているものであること――ようするに「表象」であることのシグナルを発していた。

ところが、こうした画面のブレをいっさい意識させず、何もかもをクリアに捉えるHERO7的な映像は、こうしたわたしたちと世界とのあいだに横たわる表象の齟齬を忘却させる。ある意味で、それはわたしたちの眼がそのままカメラになり、インターフェイスとつながっていくような実感をもたらす。もしそうしたリアリティが広範に浸透したとき、映像表現はその本質から決定的に変化するだろう。

また、20世紀の映画はフィルムという〝物質〟で撮影されていた。そこでは、原理的に「絶対に撮れない映像」「絶対に見られないイメージ」――それを「映画的イメージの限界」と呼んでもいい――がたしかに存在していた。たとえば1970年代の終わり、著名な映画批評家・蓮實重彥は、それを「人体の落下」のイメージに象徴的に見いだしたのだった（「映画と落ちること」、ちくま学芸文庫刊『映画の神話学』所収）。

フィルム撮影の実写映画では、人体が高所から地面に落下するまでを、ワンショットでまるまる映像におさめることはほぼ実現困難であり、映画監督たちはそれを複数のショットのモンタージュによって処理するしかなかった（いうまでもなく、それを現実に撮影しようとすれば、俳優は死んでしまうからだ！）。そして、20世紀の優れた映画作家や映画批評家たちは、その臨界点にこそ自覚的であり、そこに映画を作ること／観ることの「倫理」を求めてきた。そして、それもまた映画が「表象」であることの確固とした証だったのだ。

しかし、いま、映画は「anything goes（なんでもあり）」の時代を迎えようとしている。それが、GoProとバーチャルカメラが作りあげる「ポストカメラの時代」だ（『キャプテン・アメリカ』のクリス・エヴァンズの身体はどんな高所から落ちても絶対に傷つかない！）。『ブレードランナー2049』のスピナーの飛行シーンにせよ、『レディ・プレイヤー1』のVR空間でのレースシーンにせよ、もはや映画に撮れない映像、見られないイメージは存在しない――少なくとも多くのひとびとがそう信じるに足るような状況が、デジタルテクノロジーによって作られつつある。映画は「表象」から現実世界と区別のつかない「体験」に近づいてきているのだ。では、これからの映画表現はいったいどうなるのだろうか？

映画の「ニュー・ダーク・エイジ」

……本来ならば、ここではGoProやバーチャルカメラやXRカメラによる映像表現の技術的可能性について論じなければならないだろうが、筆者はひねくれ者なのだろうか、あえてそうした方向とは真逆の可能性について、映画批評の視点から展望を記してみたいと思う。

というのも、ここ最近の注目すべき映画をいくつか見渡していると、いかにもポストカメラ的な、「何でも見てやろう」（by小田実）的な映像ではなく、あえて「見せない」映画、あるいは「見ること」の抑圧・限界をテーマとする物語の映画が目立っているように感じるからだ。たとえば、デイミアン・チャゼル監督の『ファースト・マン』（２０１８年）はそうした一本だろう。

１９６９年、人類ではじめて月面到着を果たした宇宙飛行士ニール・アームストロングを描くこの伝記映画の映像で特徴的なのは、ほぼ全編をとおして、主人公を演じたライアン・ゴズリングをはじめ、登場する人物の顔のクロースアップばかりがひたすら画面に登場することだ。もちろん、人類初の壮大な偉業をテーマとしたこの映画ではアポロ11号の打ち上げシーンも含め、ポストカメラ的なスペクタクル映像が登場しないわけではない。とはいえ、監督のチャゼル（とカメラのリヌス・サンドグレン）は、そうした技術的には当然、実現可能であっただろう想定される見せ場よりも、ＮＡＳＡや自宅の薄暗い空間のなかで苦悩するゴズリングの寡黙な表情ばかりをえんえんと写し続ける。それゆえに、観客たちは物語世界のなかで視界を極端に狭められ、アームストロングが体験している圧倒的な孤独を共有することになるわけだ。つまり、『ファースト・マン』とは徹底して「見せない／見えない映画」なのである。

現代映画における「顔のクロースアップ」の増加については、すでに昨今の「スマートフォンファースト」の視聴環境との関連からしばしば指摘されることである。しかし、このコラムでは「ポストカメラ的な映像の氾濫」という状況から、もうひとつの仮説的な解釈を提示してみたい。たとえば、気鋭の若手メディアアーティストであり、「ニューエステティック」の代表的な論客として知られるジェームズ・ブライドルは、２０１８年に刊行した最初の著作において、ビッグデータからＩｏＴにいたるまで、情報テクノロジーが進展すればするほど、人間はますます「真実」から遠ざかり、周囲の世界が見えにくくなっていくという危機的状況を論じている（『ニュー・ダーク・エイジ』、ＮＴＴ出版）。「ポスト真実」の時代において、わたしたちは皮肉なことに、「見えすぎるほど、見えにくくなっていく」のだ。いうまでもなく、この問題は第1部で展開した「明るい画面／暗い画面」の議論とも重なっている。

だとすれば、マネジメントの世界で「認知限界」（ハーバート・サイモン）などと言われる事態にも近い、こうした現代の情報テクノロジーがもたらす状況を、かりに映画のポストカメラ的状況に当てはめてみることも可能だろう。映画はいま、かつてないほどに「なんでも見える」時代に入っている。GoProやバーチャルカメラを使って、どんなイメージでも、どんなカメラワークでも視覚化できる。でも、だからこそ、そうした「なんでも見える」世界をあえて拒む、あるいはそれに背を向ける映像や演出もまた、象徴的な意味をもって現れてきているとはいえないだろうか？

この点については、さきほども名前を出した蓮實重彦の近年の発言がひときわ興味深く思われる。というのも、シネフィル的な往年の映画ファンにはよく知られていることだが、この蓮實こそ、「映画はスクリーンの画面に映る具体的に見えるものだけを論じよ」という批評的スタンス（いわゆる「表層批評」）を強固に打ちだし、それによっておもに80年代以降の日本の映画批評に絶大な影響力をもってきた人物だったからである。ところが、その彼が80歳を過ぎた数年前から、まったく違ったことを突如、述べだしたのだ。

実はわたくしは最近こうも考えているのです。本当に見つづけなければならないのか？　ことによると、あるとき見ることをやめてしまうことこそが最大の映画批評であるという可能性もあるのではないか？［…］

いままでのところわたくしは、最善の映画批評に辿り着くためにたえず見つづけることを選んできました。［…］

ただ、ここまでキャリアと年齢を重ねてきたわたくし自身は、見ることをめぐる「人間的」な条件に対してある程度居直ってしまってよいのではないかと感じはじめている、ということです。そうした居直りの表れとして、自発的に見ることをやめるという選択肢もありうるのではないか？　見ることをやめることが批評家でありつづけるためのひとつの道になる可能性もあり、その可能性を示すことはむしろ批評家としてのひとつの務めでさえあるのではないか？――いまはそんなふうに考えております。（インタビュー「「そんなことできるの？」と誰かに言われたら「今度やります」と答えればいいのです」、『ユリイカ』２０１７年10月臨時増刊号所収）

蓮實のいう「あるとき見ることをやめてしまうこと」、「自発的に見ることをやめるという選択肢」。筆者の見立てでは、その「視覚への懐疑」は図らずもバーチャルカメラ全盛時代に対する映画人のひとつの倫理的なスタンスの表明であり、『ファースト・マン』の映像は、まさにその実践として捉えることができる。

そして、ここまで来て、最後にもうひとつの、昨今話題のあの映画の名前も、このラインナップにつけ加えることができるだろう。そう、Netflixで配信され、北米では社会問題になるほどの反響を呼んでいる、スサンネ・ビア監督のSFサスペンス『バード・ボックス』（2018年）である。本作はいろいろな意味で、「ポストNetflix」の映画の未来を暗示する演出やモティーフに満ちみちているが、さしあたり、人類を破滅に導く謎のカタストロフを防ぐため、主人公のマロリー（サンドラ・ブロック）たちに課せられる外の世界を絶対に「見ない」という行為は、その意味でポストカメラ時代のわたしたちの観客性の本質を考えるときにたいへん示唆的に映る（さらにいえば、本作が「視覚の抑圧」とともに強調する「聴覚と触覚への信頼」もまた、きわめて現代映画的だ）。いってみれば、目隠しをした我が子を抱えながら、自らも目隠しで必死に森のなかを疾走するマロリーの姿は、『ファースト・マン』の作るチャゼルと、それを鑑賞するわたしたち観客自身のアナロジーなのである。

なんでも見える新たな「バーチャルカメラの時代」と、逆に、何も見えない新たな「暗黒時代」。テクノロジーの進展とともにクリエイティヴィティも進化していくが、2020年代の映画は、この両極端の方向性に挟まれるかたちで進んでいくのではないだろうか。

〈『THE GUILTY／ギルティ』とデスクトップ・ノワール〉

「デスクトップ・ノワール」の台頭

ここ数年、物語の全編がパソコンのデスクトップ上で展開されるという趣向の映画作品が相次いで作られ、注目を集めている。昨年はアニーシュ・チャガンティの『search／サーチ』（2018年）が話題を呼んだし、現在、劇場公開中のスティーヴン・サスコ監督の『アンフレンデッド：ダークウェブ』（2018年）、およびシリーズ前作のレヴァン・ガブリアーゼ監督の『アンフレンデッド』（2015年）などはその代表的な作品だろう。おそらくナチョ・ビガロンドの『ブラック・ハッカー』（2014年）あたりから盛りあがってきたこの種の映画は、日本でもフェイクドキュメンタリーで有名な白石晃士が手掛けた全編スマートフォンのタッチスクリーン上で展開されるという演出のテレビドラマ『ミュージアム－序章－』（2016年）をはじめ、すでにいくつか作られている。

筆者の友人でもある映画監督の佐々木友輔と映画ライターのnoirseは、2017年に刊行した共著『人間から遠く離れて——ザック・スナイダーと21世紀映画の旅』（トポフィル）で、これらの映画を「デスクトップ・ノワール」と呼び、論じている（そもそも佐々木自身も、『落ちた影／Drop Shadow』［2015年］という実験的なデスクトップ映画を制作している）。こうしたデスクトップ・ノワールの台頭については、本格的に考察を加えようとすれば、佐々木とnoirseのように、それなりの分量が必要になるだろう。

したがって、この短いコラムでは、こうした新しいレイアウトを備えた映画の登場の意味とその作品表現への具体的な表れを、これも現在、話題を呼んでいるグスタフ・モーラー監督のデンマーク映画『THE GUILTY／ギルティ』（2018年）を事例に考えてみたい。あらかじめ断っておけば、もちろん『THE GUILTY／ギルティ』は厳密には佐々木たちのいうようなデスクトップ・ノワールの体裁の映画ではない（デスクトップ・ノワール作品自体についても、いずれ論じるつもりはある）。しかし、筆者の見るところ、このふたつはいま、映画が置かれている同じパラダイムのうえにあり、似たような文脈で読み解ける作品であると思われるのだ。

パソコン、スマホ的画面の浸透

まず、大きな見積もりを示しておけば、いわゆるデスクトップ・ノワールと呼ばれるような映画の2010年代における台頭には、わたしたちの生きる現代の映像メディア環境全般の変化が深くかかわっているといえるはずだ。

2010年代末の現在、わたしたちの日常生活にはじつにさまざまなかたちの「スクリーン」が溢れかえるように遍在している。いまから半世紀前、あるいは1世紀前、そうしたスクリーンとは、映画館に象徴される映像が投影される遮蔽幕であることがほとんどだった。もちろん、20世紀なかばから映画産業を強烈に脅かすように社会に浸透したテレビは、映画とはまた異なったしくみを持つ放送メディアだったが、最近も映像メディア史研究者の北浦寛之（『テレビ成長期の日本映画』参照）や藤木秀朗（『映画観客とは何者か』参照）が明らかにしているように、それでも映画とテレビは20世紀後半をつうじて、そこで作られるコンテンツを中心に相互に強く影響を与えあいながら発展していったという経緯がある。

ところが、ちょうど20世紀が終わりを告げるころから、この世界には、そうした映画的なスクリーンとはまったく異質な「画面」が現れ、いまやその趨勢は前者をはるかに凌駕するまでに広がっている。いうまでもなく、コンピュータのデスクトップ、そして21世紀のいまでは、スマートフォンやタブレット型パソコンのタッチスクリーン（タッチパネル）といったデジタルデバイスのインターフェイスである。ごく当たり前のことだが、わたしたちにとってはもはや、映画館や自室のテレビのスクリーンよりも、スマホやタブレット、ノートパソコンのスクリーンを眺めている時間のほうがはるかに長い。そして、そうした新しいスクリーン＝インターフェイスでは、かつて20世紀に完成した映画的なスクリーンとはかなり異なった、独自の表象システムが形作られている。そうした今日のインターフェイスやタッチパネルの示す新たな表象や知覚のしくみについては、筆者自身もここ数年、映像メディア文化論の視点からなんども論じてきている（たとえば、拙稿「「顔」と相互包摂化する映像環境」を参照されたい。http://www.lib.kobe-u.ac.jp/infolib/meta_pub/G0000003kernel_81010278）。ともあれ、こうした現状を踏まえると、画面そのものをデスクトップに模したデスクトップ・ノワール的な作品が登場してくるのはなかば必然的な流れだともいえるだろう。

『THE GUILTY／ギルティ』における聴覚的要素の優位

さて、さしあたり以上のように文脈を立てると、直接的にはデスクトップ・ノワールには区分し難い『THE GUILTY／ギルティ』の個性的なコンセプトや画面も、同様のアクチュアリティをもってわたしたちの前に迫ってくる。『THE GUILTY／ギルティ』は、緊急ダイアルの一室だけを舞台に、ほぼ主人公のヘッドフォーンから聴こえるサウンド（音と声）だけで、ある誘拐事件の顛末が描かれるという、きわめてシンプルな構成のリアルタイムサスペンススリラーである。主人公であるアスガー・ホルム（ヤコブ・セーダーグレン）は、自らもある罪＝事件がきっかけで警察官の第一線から緊急通報司令室オペレーターに左遷されてきていた。自転車泥棒から交通事故による緊急手配にいたるまで、日々、些細なトラブルに対応するだけの毎日のなか、あるとき、一本の不穏な声の電話を受ける。それは、いままさに高速道路上を疾走する男の車に乗せられ、誘拐されている女性からのものだった。アスガーはヘッドフォーンを通じて鼓膜に響く電話からの音だけを頼りに、「見えない誘拐事件」の解決に踏みだす——。

いうまでもなく、本作の妙味は、あたかも演劇の一人芝居のように、ワンシチュエーション／リアルタイムという設定上の拘束とともに、作中で描かれる肝心の事件そのものがいっさい視覚的に描かれず、すべて聴覚＝音声だけで示されるという奇抜な趣向にある。この点では、演劇的構成との近さという面でも、本作を『カメラを止めるな！』（２０１８年）や『ハッピーアワー』（２０１５年）など、近年の日本のインディペンデント映画作品との関係から比較して論じることも可能だろう。

まず、この文章の前のバーチャルカメラについてのコラムでも記したことだが、もとより、こうした見えない／見せないという視覚的要素の地位低下と、その反対に、聴こえる／触れるという聴覚・触覚的要素の地位向上というのは、昨今の映画の物語空間のいたるところに広がっている目立った特徴であり、その点では『THE GUILTY／ギルティ』もそれを忠実に踏襲した映画だ。緊急ダイアル室であれ一軒の家屋であれ、あるいは外界から遮断した布のなかであれ、ある「密室」に固定され、しかも、そこでは登場人物たちにとって「音」だけが唯一の頼りになるという状況設定において、本作のアスガーは、たとえば『バード・ボックス』（２０

18年）のマロリー（サンドラ・ブロック）とぴったり重なっている。

視覚と聴覚の関係の逆転現象

思えば、前節のコラムでもその文章を参照した映画批評家の蓮實重彦は、いまから10年あまり前、「あらゆる映画はサイレント映画の一形態である」という奇抜な主張を行ったことがある。

一般に「映画」という語彙で知られている視聴覚的な表象形式が、娯楽としてであれ芸術としてであれ、その消費形態のいかんにかかわらず、一〇〇年を超えるその歴史を通して、音声を本質的な要素として持つことはなかったというものであります。［…］
映画の撮影は、こんにちにいたるも、音声がこうむるこうした複数の拘束からいささかも自由になってはおりません。キャメラは、サイレント期とまるで変わることなく撮影クルーの中心に君臨しているからです。［…］あらゆる映画が本質的にはサイレント映画の一形式だという仮説は、そうした現実をふまえたものにほかなりません。（蓮實重彦「フィクションと「表象不可能なもの」――あらゆる映画は、無声映画の一形態でしかない」、石田英敬、吉見俊哉、マイク・フェザーストーン編『デジタル・スタディーズ第1巻　メディア哲学』所収）

ここで蓮實は、撮影所システムの時代の技術的・物理的な制約から「ホロコーストの表象不可能性」をめぐる問題、そして２００１年の「９・11」のニュース映像まで多彩な事例を示しながら、20世紀に発展した「映画」というメディアが、その本質において「声」という聴覚要素を抑圧し、「視覚の優位性」を特権的に維持し続けてきた経緯を述べている。

しかし、誰の目にも明らかだが、繰りかえすように、２０１０年代末の現代映画のハードコアが示す「音声を本質的な要素として持つ」作品の大規模な台頭は、この蓮實の主張（映画における本来的な視覚的要素の優位と聴覚的要素の劣位）とは真逆の事態だろう。それもそのはずで、たしかに映画に限っては蓮實のいうとおりだろうが、現代のわたしたちを取り巻くスクリーンの多くは、蓮實の念頭に置く「映画」とは決定的に遠く隔たっており、ひるがえっていまや映画の画面もまた、こうした新しいスクリーンの秩序や慣習を精緻に「擬態」しつつあるからだ。

『THE GUILTY／ギルティ』のYouTuber的画面

では、その例を『THE GUILTY／ギルティ』で見てみよう。作中、後半でアスガーは一度だけ、あてがわれたデスクから離れ、奥の休憩室に移動するのだが、それ以外は全編を通じて、映画は完全に、仕事デスクに座ってデスクトップを見ながら電話で相手と対応するアスガーの姿のみをただ、えんえんと写すだけである。それでも画面がまったく退屈にならないのは、ひとまず厚い肌にくっきりと皺の刻まれた、岩石のような主演のセーダーグレンの顔や手の表情を微細に捉えたクロースアップをはじめ、緩急自在に多角的な視点から小気味よくカットを割って見せていくジャスパー・スパニングのカメラワークがじつにみごとだからだ。

とはいえ、それは、デスクに座る人物に視点がほぼ固定され、彼が画面外の不可視の他者に対してえんえんと話し続けるという、この『THE GUILTY／ギルティ』の独特の画面が、他方で、さきほども述べた今日の映像メディア環境に浸ったわたしたちにとって、また別の連想を働かせるような、よく見慣れた光景でもあるからではないか？　そう、『THE GUILTY／ギルティ』の画面は、昨今のYouTuber（あるいは、かつてのニコ生の生主？）のそれとよく似ているのである。

知られるとおり、彼らもまた、ウェブカムのついたデスクトップ画面に向かってたいがい上半身のみを写しつつ、えんえんと喋っているからだ。筆者は別のところで、現代の映画の画面がある種の「YouTuber化」＝人物の顔のクロースアップの増加を蒙っていると記したことがあるが、奇しくも『THE GUILTY／ギルティ』もまた、まぎれもなく「顔の映画」かつ「デスクトップふうのサスペンス」であり、なおかつその意味で本作の画面もまた、多くのデスクトップ・ノワールと同じく、映画的なスクリーンというよりは、パソコンやスマホのインターフェイスこそを容易に連想しうるようなレイアウトを備えているのだ（余談ながら、この点でも、今日の日本のインディペンデント出身の若手の映画は、三宅唱の『THE COCKPIT』［２０１４年］にせよ、山下敦弘と松江哲明の『映画　山田孝之3D』［2017年］にせよ、同様の画面を示すものが多い）。

『THE GUILTY／ギルティ』とデスクトップ・ノワールのメタ物語的な画面

さらに、『THE GUILTY／ギルティ』の試写会では、オープンイヤーステレオヘッドセットを装着した鑑賞イベントも行われたという。つまり、通常の音声は劇場のスピーカーから流れるが、劇中の電話の音声のみが観客のつけたヘッドセットから聞こえてくるという仕掛けで、まさに観客は作中のアスガーになったような疑似体験を味わいながら映画を鑑賞できるのである。

とはいえ、これも容易に想像できるように、こうした映画世界の疑似体験をより本格的に味わいたいのならば、のちに本作のソフトがリリースされたさい、まさにアスガーが眺めているようなデスクトップのインターフェイスで映画を再生しつつ、イヤーフォーンやヘッドフォーン――もしくは試写会のような特典機能がディスクについていれば、オープンイヤーステレオヘッドセット――をして鑑賞すればよいだろう。こうしたある種の「メタ物語的」な鑑賞行為（映画の作中人物と鑑賞者が相似形を描く枠組みにおさまることで、作中への円滑な没入を促す一方、逆説的にも、同時にその虚構性も浮き彫りになる二重化された鑑賞行為）において、『THE GUILTY／ギルティ』の画面は、限りなく「デスクトップ的なもの」に接近していくことになる。音＝聴覚的要素の前景化という本作の趣向は、通常の映画的スクリーンと観客との距離感覚を失効させるこうした鑑賞体験において、最大の効果を発揮するはずだ。

そして、この点においてこそ、『THE GUILTY／ギルティ』はデスクトップ・ノワールの構造とも重なることになるのだ。というのも、いうまでもなく、『search／サーチ』にせよ『アンフレンデッド』にせよ、デスクトップ・ノワール作品にとっての最適化された鑑賞条件は、映画館の巨大なスクリーンではなく、むしろほかならぬ「自宅の（できれば）Ｍａｃの画面で鑑賞するとき」だろうからだ。ここでもまた、デスクトップ・ノワールは、かつてのフェイクドキュメンタリーをメタ物語的（ゲーム的？）にアップデートしたような自らの特性を最大に発揮することになる。

この意味で、『THE GUILTY／ギルティ』やデスクトップ・ノワールの作品群は、「スクリーン」に対するわたしたちのリアリティの変容を擬態的に表すコンテンツであるとともに、メディア研究者の光岡寿郎が述べるように、「映像文化が、それを支える複数の変数の関係性として理解され」（「序章」、『スクリーン・スタディーズ』所収）ざるをえないという、今日の新しいスクリーンのとり結ぶ間メディア的でメタ物語的な属性を浮かびあがらせるものにもなっているのだ。

〈拡張現実としての2・5次元ミュージカル
――メディア論から見る2・5次元カルチャー人気の理由〉

近年、「2・5次元」と総称されるライブ・パフォーマンスがポップカルチャーのなかで大きな盛りあがりを見せていることはすでに広く知られています。「2・5次元」とは、「2次元で描かれた漫画・アニメ・ゲームなどの世界を、ミュージカルなどの3次元の舞台コンテンツとしてショー化したもの」のことです。

そもそも漫画・アニメを原作（原案）とした舞台パフォーマンス自体は、1970年代なかばまでその歴史をさかのぼることができます。とはいえ、今日の文脈において2・5次元ミュージカルが注目を集めはじめるのは、いうまでもなく2003年に開始された許斐剛原作の同名大ヒット漫画を元にしたミュージカル『テニスの王子様』（以下『テニミュ』）が大きなきっかけのひとつでしょう。現在、3rdシーズンを数えるこの人気シリーズを含め、その後、2000年代末あたりから同種の公演が急速な市場的拡大を遂げてきました。観客層は10～30代の若い女性が中心ですが、すでに海外展開を視野に入れた文化施策に組みこまれ、14年にはついに「日本2・5次元ミュージカル協会」まで設立されています。

いま、こうした「2・5次元カルチャー」がなぜ、注目されているのか。

すでに市場分析はさまざまになされはじめているので、ここでは、メディア文化論の視点から、この分野の文化現象としての面白さについて、おもにふたつの視点をおおまかに提示してみたいと思います。

＊

まず、さしあたり指摘できるのは、今日の文化全般における「ライブ回帰」との関連でしょう。

近年のコンテンツ批評界隈でことあるごとに指摘され続けていますが、とりわけソーシャルメディアが台頭した「Web2.0」以降の現代文化においては、あらゆるコンテンツがネットワークをかいして即座にダウンロード／ストリーミング可能となっています。そのため、パッケージされた複製コンテンツの価値が相対的に低下し、かわって一回限りの体験に紐づいた広義の「ライブ」や、それとの連動が収益的にも表現的にも有力になってきています（パッケージから体験へ）。大規模ロック・フェスなどの音楽興行から映画館のライブビューイングまで、「経験経済」に基づくライブ文化の例は現在、いくらでも挙げられますが、小劇場演劇ブームの再来のなか、ライブ・パフォーマンスの一環としての「2・5次元」に注目が集まるのも、まずはこうした文脈と無関係ではないでしょう。

実際、この「2・5次元」という言葉が現在の用法で使われだし、定着しはじめたのは、およそ2008年あたりからだとされています。また、同じ頃から2・5次元ミュージカルの舞台公演数・観客動員数も目に見えて急増しはじめるのですが、これはまさにTwitterやFace-book、YouTubeやニコニコ動画といったソーシャルメディア・動画共有サイトの台頭の時期と軌を一にしているのです。たとえば、現在のニコ動では「空耳ミュージカル」と呼ばれる『テニミュ』関連の動画が大量にアップされています。これは、『テニミュ』で歌われている本来の楽曲にまったく異なる変な歌詞（字幕）をつけて面白がるというニコ動文化では伝統的な趣向を備えた動画のことですが、ともあれ、このネット上の膨大な「空耳」動画がまた、ユーザたちに本来の舞台そのものへの関心を生みだしてもいる、というフィードバック的な連鎖反応がそこにははっきりと認められます。こうした連鎖反応は、以前指摘したように（『すばる』2015年2月号掲載の拙論「イメージのヴァイタリズム」を参照ください）、たとえば昨年（2014年）、大ヒットした『アナと雪の女王』（2013年）にも見られました。その意味で、『テニミュ』をはじめとする2・5次元文化は文字通り「ポストSNS時代」の消費構造を象徴するコンテンツだといえるのです。

*

さらに、ここで「2・5次元」というキーワードが意味する構造自体がかかえている特徴のほうにも少し目を向けてみます。

2・5次元ミュージカルのもつ「2・5次元性」をめぐっては、2・5次元ミュージカルのブームと同時期に社会的に脚光を浴びた「拡張現実Augmented Reality」(AR)との構造的な類似が思いあたります。

拡張現実とは、コンピュータや情報技術によって、通常知覚する現実空間に仮想的な不可デ ータ(エアタグ)や環境情報をレイヤー状に重ねあわせるテクノロジーのこと。スマートフォンのGPSや、モーションセンサーを利用した現実風景へのエアタグの表示機能などが知られています。

拡張現実技術が一般化したのは、これも2・5次元文化と同じ2000年代の後半でした。そして、この技術が同時期の文化批評の文脈からも注目されたのは、デジタル/情報環境の社会的拡大やポップカルチャーをつうじたいわゆる「まんが・アニメ的リアリズム」(大塚英志)などの浸透によって、現代人の感じるリアリティの質がレイヤー化しており、拡張現実はまさにそれを技術的に実装しているように見えるという問題意識がひとびとのなかにあったからです。そうした文脈から近年のオタク文化における「聖地巡礼」などの新たな動向が分析されています。

以上のような現代の「リアリティの拡張現実性」が、文字通り2・5次元ミュージカルの鑑賞経験の根底にもあるのは明らかでしょう。コンテンツ・ツーリズムとしての聖地巡礼が、アニメ作画（2次元）的リアリティと現実の観光（3次元）的リアリティのあわいに派生する固有の感覚を堪能する行為ならば、それはほぼそのまま2・5次元ミュージカルを鑑賞する観客のそれにも通底しているだろうと考えられます。

これに加えて興味深いのは、2・5次元ミュージカルのもつ「拡張現実性」が、そうした少し抽象的な要素のみならず、演出上の具体的な構成要素によっても確かめられる点です。

これもすでによく知られるように、2・5次元ミュージカルの舞台空間は、総じてセットなどの舞台装置が通常の舞台と比較してもかなり簡素に作られています。たとえば、今年（2015年）の『テニミュ』3rdシーズン「青学vs不動峰」でも、舞台の床にはコートを模した大きな緑の三角形のマットが敷かれただけで、舞台上方奥にはこれもテニスコートの網を模した白い三角形のセットだけが吊るされていました。

また、そのかわりとして、とくに近年の『テニミュ』などでは見せ場の試合シーンで高度な技術によるプロジェクション・マッピングやSEが効果的に用いられます。たとえば、『テニミュ』の試合シーンでは、いうまでもなく演劇という形式上、実際のテニスボールを舞台上で打ちあうことは不可能なために、俳優たちはラケットを振って打ちあう身振りをします。すると、かれらの動きにあわせて絶妙のタイミングでスタッフが映像による球と打球音を劇空間に挿入するのです。

ここで俳優たちの現実の身体と映像のテニスボールは次元を超えて、等しい立場でシンクロします。つまり、『テニミュ』においては、「漫画」と「演劇」という意味での「2・5次元性」＝「拡張現実性」とともに、より具体的な、「映像とサウンド」と「現実の演技」という意味でのそれも含まれているのだといえましょう。

しかも重要なのは、最近のデジタル技術の発達によって、「映像のテニスボール」のような、舞台の構成要素としての「モノ」が、ある側面で人間の役者の道具以上の存在に、いわばかれらと同等の関係性を取り結んでいるように見える点です。最後に短く述べると、これもまた、2・5次元文化が台頭しはじめた2000年代後半あたりから英米圏を中心に注目されている「オブジェクト指向存在論 Object-Oriented Ontology」という新たな哲学的議論があります。アートや建築などの表現分野からも熱い視線を浴びているこの立場では、「モノの民主化」などといって、これまでの人間を中心とした哲学の埒外にあったモノたちを人間とともに中心に据えた捉え方を目指しています。このオブジェクト指向存在論の枠組みもまた、それがデジタルメディアの進化とも密接に関連しているように、おそらく2・5次元独特の舞台演出とも無関係ではないでしょう。

……ともあれ、今後もとうぶんは続くだろう2・5次元カルチャーのヒットの構造には、こうしたいくつもの興味深い背景が相互に絡まりあっているように思えます。その意味で、この盛りあがりは、２０１０年代という時代を考えるときにとても示唆的なのです。

〈『溺れるナイフ』のふたつの顔

――情動的な映像演出の〝新しさ〟と、昭和回帰的な〝古さ〟〉

現在（2016年）、大ヒットしている『溺れるナイフ』は、ジョージ朝倉の人気少女コミックを原作にした山戸結希の最新作です。

東京で人気ファッションモデルをやっていた少女、望月夏芽（小松菜奈）が家族で引っ越してきた紀州の海辺の田舎町で出会った鮮烈なオーラを発する同級生、コウ（菅田将暉）と恋に落ちる青春ラブストーリー。山戸といえば、上智大学在学中に制作した自主映画『あの娘が海辺で踊ってる』（2012年）が映画ファンや映画人たちの注目を集め、その後も短編『おとぎ話みたい』（2013年）、そして女性アイドルグループ「東京女子流」を主演に迎えたメジャーデビュー作『5つ数えれば君の夢』（2014年）など、この数年で瞬く間に輝かしいキャリアを積み重ね、今後のさらなる飛躍を期待される気鋭の若手映画監督です。

そんな山戸ワールドには、すでにいくつかの特徴があります。たとえば、自意識過剰な少女を主人公とした青春映画という枠組み、主人公の内省的なモノローグ、音楽とダンスと映像の巧みなコラボレーション、とりわけ情動と情念に溢れた演出とキャメラワーク……といったところでしょうか。総じて山戸の演出は、従来の映画のキャメラワークや編集の規範を統御する、安定的かつ経済的な構成感覚とはかなり隔たった、作家やキャメラの身体的情動が剝きだしになった（ように見える）スタイルが顕著に見られます。それが、この弱冠27歳の若い映画作家の魅力であり、ある種の「危うさ」ともなってきたといえましょう。

実際、そうした彼女の作風がこれまでのキャリアですべて奏功してきたかと問われれば、必ずしもそうは思えません。たとえば、『おとぎ話みたい』の演出の稀有な迫真性や叙情性に比較すると、初長編『5つ数えれば君の夢』はややそれが全体の散漫さや構成の破綻につながっていたように感じられました。

＊

今回の『溺れるナイフ』も、基本的には以上のような山戸ワールドが全面的に展開されているといえます。たとえば、映画冒頭近くの、田舎に越してきた夏芽がひとり、波が打ちつける岩場が突き出た入江を歩く途中、岩場の影の波間に漂うコウをはじめて見つけるシーン。画面の手前から奥にかけて弧を描きながら広がる入江のさきに、浜辺を歩く小さな夏芽の姿が映されます。すると、続くショットでは、岩場の奥まった波間に全身を浮かべて仰向けに漂うコウの姿が映される。さらに、夏芽の顔のクロースアップ。その後、夏芽は海から上がったコウとすれ違い、ふたりの最初の出会いの場面となります。

ここは、物語上、最初の、そしてもっとも重要なシークエンスにもかかわらず、明らかに通常の映画のショット連鎖からは逸脱しています。海面のコウを写したショットも、それがいわゆる三人称客観ショットなのか、それともそのあとにコウを見つけることになる夏芽の主観ショット（POVショット）なのか――おそらくはあえて――あいまいに宙に吊られるような、きわめて「粗暴」な編集になっているのです。『溺れるナイフ』はこの冒頭のシークエンスの演出が何より典型的であり、その後も映画は極端なロングショットと人物のクロースアップがしばしば用いられ、また、――これもいかにも山戸作品に特徴的な、ぎこちなく動くズームや手ブレのショットが火まつりのパッシブなシークエンスで頻繁に用いられます。

撮影監督の柴主高秀の言葉からは、こうした一連の映像演出は撮影スタッフというよりも、やはり監督の山戸の意向が大きく反映されているようです。すなわち、この『溺れるナイフ』においても、山戸は物語映画としての映像的・叙述的な結構（安定性）よりも、言葉にならない身体的な情動性こそを過剰に映像に籠めようと試みているように思えます。その試みが「映画作品」として成功しているかといえば、個人的には非常に懐疑的です。

ですが、今日の映画や映像文化において、かつての古典的映画のような端正な物語構成力や安定したキャメラワークなどよりも、この手の身体的で脊髄反射的な情動性のほうが全面化しがちな傾向にあることは、ぼく自身もだいぶ以前から指摘してきたことです（拙著『イメージの進行形』第二章などを参照）。ですので、山戸のような若手作家の台頭は、何ら不思議ではありません。たとえば、TwitterのVineやInstagram、GIFアニメなどを思い浮かべてもらえればすぐに納得できるだろうと思いますが、とりわけSNSなどのリアルタイムウェブが社会に急速に浸透して以来、映像の表現や受容の場においてもこうした情動的な傾向やリアリティはますます強まっています（いま話題のテレビドラマ『逃げるは恥だが役に立つ』の「恋ダンス」も「踊ってみた」動画の文脈を意識したものです）。それにたとえば、山戸はデビュー以来、音楽とのコラボレーション企画にも積極的であり、『溺れるナイフ』でも「ドレスコーズ」の志磨遼平が重要な役どころで出演し、主題歌を担当しているほか、大森靖子やtofubeats、おとぎ話など、サブカル系で人気のミュージシャンの楽曲を多数、劇中でフィーチャーしています（このMV的な手法は『君の名は。』にも共通する最近の映像コンテンツのトレンドです）。

いずれにしても、以上のような要素から、『溺れるナイフ』やそこでの山戸の演出が、これまでの邦画にはあまり見られない「新しい」ものだということはできるでしょう。

＊

とはいえ、じつは『溺れるナイフ』にはもうひとつの「顔」もあるように思えます。

しかも、その顔はやはり本作に限らず、「豊作」といわれた今年の代表的な邦画作品にもどこか共通して見られる傾向です。それは、いってみればある種の「昭和回帰」の傾向です。ここでぼくがいう「昭和」とは、「20世紀」とほとんど重なるものととってもらってかまいません。いわゆる19世紀的な安定した市民社会＝「モダン」を脱して、そうした市民社会の「外部」をも内包した近代国民国家や消費社会を生みだした「モダニズム」の時代です。その時代はおおよそどの国でも、20世紀のなかば、昭和の戦後期に完成をみます。

あらためて眺めてみると、今年（2016年）の話題の邦画は、おしなべてそうした昭和期（戦後）の日本映画のテイストや、代表的な名作を髣髴とさせる細部やモティーフに溢れていたように思われます。たとえば、近年の仕事ぶりが目覚ましい山田洋次監督の『家族はつらいよ』は『東京家族』（2013年）に続く小津安二郎へのオマージュですし、黒沢清監督の新作『ダゲレオタイプの女』もまた、小津の『風の中の牝雞』（1948年）や溝口健二の『雨月物語』（1953年）を思わせることはすでに多く指摘されています。中野量太監督の『湯を沸かすほどの熱い愛』（2016年）は40～50年代に流行した「母もの映画」のプロットを想起させます。そして、もはや断るまでもなく今年大ヒットした『君の名は。』（2016年）と庵野秀明総監督の『シン・ゴジラ』（2016年）は、いずれも『君の名は』（1953～54年）、『ゴジラ』（1954年）という戦後昭和が生んだメロドラマと怪獣映画の傑作の記憶を再起動させました。

それでは、『溺れるナイフ』はどうか。この点について考えるときに、おそらく恰好の比較対象となる作品がいくつか存在しています。まずひとつは、これも今年大いに話題となった真利子哲也監督の『ディストラクション・ベイビーズ』（２０１６年）です。とはいえ、この両作にはさしあたりわかりやすい共通点が存在します。まず、前者の主演の小松と菅田が後者にも準主役級で出演しています。また、前者は和歌山県新宮市、後者は愛媛県松山市という地方の海辺の町を主要な舞台にしている点。さらに、前者ならばコウ、後者ならば芦原泰良（柳楽優弥）という主人公あるいはかれの周りの人物たちのいる世俗的日常を超出しているかのようなオーラをまとった存在に、身近にいる人物がしだいに魅了されていくという物語の骨子もよく似ています（つけ加えれば、後者で魅了される側のキャラクターを演じる菅田が前者では魅了する側を演じるという対称関係もあります）。また、『溺れるナイフ』の紀州や、題材のひとつの「火まつり」はいうまでもありませんが、『ディストラクション・ベイビーズ』の海と山に囲まれた松山の情景や土着的で始原的な若さや暴力のイメージも、どこか（ここ最近の日本映画の主題やルックをいたるところで規定しているようにも思える）中上健次的な風土を思わせます（中上が脚本を書き、柳町光男が撮った『火まつり』〔１９８５年〕にも目配せがあります）。

何にせよ、以上のようにいくつかの共通性をもつ『溺れるナイフ』と『ディストラクション・ベイビーズ』がいかなる点でさきほどの「昭和回帰」の徴候を思わせるのかといえば、ぼくの見立てでは、どちらの作品もどことなくちょうどいまから60年前の50年代なかばに社会現象になった「太陽族映画」に似ているのです。

ちなみに、『ディストラクション・ベイビーズ』と太陽族映画との類似性については、すでに別のところで書いています（『ゲンロンβ2』掲載）。「太陽族映画」とは、作家・石原慎太郎の芥川賞受賞作『太陽の季節』（1955年）に登場するような戦後世代の無軌道で享楽的な若者（太陽族）を描いて、1956年に立て続けに公開された一連の青春映画のことです。石原の実弟であり、のちに戦後日本映画を代表するスターとなる石原裕次郎の初主演作『狂った果実』（56年）などで有名で、フランスのヌーヴェル・ヴァーグに影響を与えたり、現在の「映倫」が発足するきっかけを作ったりと、日本映画史的にはかなり重要なブームでもあります。『ディストラクション・ベイビーズ』は、もちろん、無軌道な「性と暴力」を描くという点でも現代の太陽族映画と呼ぶにふさわしいでしょう。ほかにも、港と船という舞台装置や、「兄弟の物語」（『ディストラクション・ベイビーズ』の泰良と将太と、『太陽の季節』の竜哉と道久、『狂った果実』の夏久と春次）であるといったいくつかの点で、両者の作品世界には明らかな並行性が認められます。

他方、『溺れるナイフ』についていえば、やはり海中での若い男女の主人公のキスシーンが挙げられるでしょう。『溺れるナイフ』では、久しぶりに言葉を交わした夏芽とコウがそのまま停泊していた漁船ボートに乗り、沖合に出たところで、ふたりで海中に飛びこんでキスをする印象的なシーンがあります。かたや『太陽の季節』でも、ヨットに乗って遊びに出た主人公の長門裕之と南田洋子が海中に潜ってキスをするのを水中撮影で捉えたショットが登場します。

無軌道な男女の性愛や暴力を描くという点でも『溺れるナイフ』は『ディストラクション・ベイビーズ』同様、現代の「太陽族映画」と呼ぶにふさわしい細部を含んでいるのです。

もちろん、たんに「昭和回帰」といっても、小津のホームドラマや「母もの映画」のメロドラマのような保守的にも思える鷹揚な作品群と、当時としては過激な「性と暴力」が鮮烈に描かれる太陽族映画とでは比較するにも大きな開きがあるように思えます。とはいえ、たとえば、父親を殴りつける『太陽の季節』の主人公にせよ、あるいは女学生を暴行する『処刑の部屋』の主人公にせよ、やはりかれらにはそこから逸脱／対抗しようとする戦前から続く社会的な制度や慣習が確固とした対立項として存在していたこともまた事実です。なるほど、だからこそ50年代の太陽族青年たちは社会や家族にどんなに反抗的な態度を取ろうと、結局は、両親たちが住む家や学校から出てゆくことはない。その意味ではかれらもまた、ひとまずは近代的な公共圏や国民国家に内在する「外部」であったといえますし、その意味でやはり「昭和的」な範疇に収まる存在だといえます。

＊

このように、『溺れるナイフ』は——最近の邦画と同様——今日の映像を取り巻く環境と巧みに連動する「新しい」要素をもつと同時に、きわめて「古風」＝「昭和的」な映画でもあるといえるでしょう。とはいえ、こうした「昭和的」かつ「20世紀的」な世界観や価値意識は、やはり最近の日本映画が描く世界全般に認められるものでもあります。これもたとえば、『溺れるナイフ』にも出演している上白石萌音がヒロイン役で出演している大ヒット映画『君の名は。』でも、前者の「東京‐和歌山」同様、「東京‐岐阜」という、いかにも昭和的な、今日の「ファスト風土化」（郊外化）以前の、都市と田舎の二項対立的なイメージがことさらに強調されています。『溺れるナイフ』でいえば、その感覚は物語の後半で大友勝利（重岡大毅）がカラオケで熱唱する吉幾三の「おら東京さ行くだ」に象徴的に表れているといえるでしょう。『溺れるナイフ』に表れる「新しさ」と「古さ」。つまり、ソーシャル的な仕組みと馴染みのよい情動的な映像演出と、「昭和回帰的」なイメージや世界観。

この奇妙な両面性がもつ意味については、またもっと別の場所で深く論じなければなりません。ここでは最後に、ごく簡単に跡づけておくにとどめましょう。ぼくの考えでは、この両面性はやはりいずれも、この2010年代なかばのわたしたちの社会のリアリティをうまく掬いとっていると思われます。具体的にいえば、わたしたちの社会は、文字通り、一方ではグローバル資本主義とリアルタイムウェブの広範な浸透でコミュニケーションはかつてなく身体的で情動的なものになっている。とはいえ他方で、それゆえにこそ逆説的にも、わたしたちの社会は、たとえばエマニュエル・トッドが述べるように、ふたたびどこか20世紀的＝昭和的な価値観にも戻りつつある。

今年の話題でいえば、いわゆる「Brexit」（イギリスEU離脱）にせよ、また国内の安倍政権の改憲論議にせよ、どこまでも過剰流動化する労働や資本に対して、各国はふたたび旧来の「国民国家モデル」の再興を目指しているように見えます。おそらくそのふたつの側面が端的に表れたのが、ほかならぬ先日のドナルド・トランプの次期アメリカ大統領就任が決まった大統領選でした。というのも、かたやグローバル資本の過剰流動化とポリティカル・コレクトネスの蔓延から来る「白人＝マジョリティのルサンチマン」をSNSでリアルタイムに掬い取る情動的な支持拡大戦術と、かたや企業税率引き下げから移民排斥まで保守的な国民国家モデルを掲げるトランプの圧倒的かつ予想外の勝利は、まさにこの現代の新しさと古さの奇妙な結託が示されたものだったといえます。

『溺れるナイフ』の画面から垣間見える対照的な傾向は、ぼくには、まさにこの現代社会のふたつの側面を図らずも照射するものに見えてなりません。現代映画を読み解く面白さは、こうしたところにもあるといえます。

〈演劇・分身・幽霊——濱口竜介『ドライブ・マイ・カー』論〉

ムラカミを原作にした「世界のハマグチ」の新作

都心の首都高速を、四、五十がらみの、どこか疲れた顔をした男が、ひとりで、目の覚めるような赤い車体をしたサーブを走らせている。その疾走する車のイメージは、初期作『THE DEPTHS』（２０１０年）の冒頭シーンを思い出させる。

ハンドルをもつ彼は、まるですべての感情をどこかに置き忘れたかのような放心した調子で、なにごとかを間欠的につぶやいている。その理由は、サーブのカーステレオから流れてくる、ある声にある。男が差しこんだカセットテープから、彼の調子を真似たように訥々と抑揚なく、ひとりの女性の声が流れているのだ。それはどうやら、だれかが書いた戯曲か脚本を思わせる整然とした台詞の並びらしい。テープの女性の声は、会話を構成するかたほうの台詞を、タイミングをあわせて朗読しているのであり、そのテープの声を聴くドライバーの男は女性のいう台詞の間にあわせるようにして、あらかじめ暗記したもう一方の台詞を読みあげていたのだ。この映画では、この、重なっているとも、ズレているともいえるようなふたつの声――生者と死者の声が、絶えず物語空間を反響し続けている。

第74回カンヌ国際映画祭で日本人初の脚本賞ほか、国際批評家連盟賞など計4冠を受賞した『ドライブ・マイ・カー』（2021年）は、村上春樹の2013年の同名短編小説を原作とした、濱口竜介の長編第6作である。

原作となった短編は、文庫本にして50頁ほどの分量であり、脚本を手掛けた濱口と大江崇允は、約3時間の長編として映画化するにあたり、同作が収録されている短編集『女のいない男たち』（2014年）のほかの短編からもいくつかのモティーフを借りている。

物語の主人公は、名の通った舞台俳優で独特の演出法も用いることで知られる家福悠介（西島秀俊）。彼は長く乗っている愛車の赤いサーブ900とともに、元女優で、幼い愛娘を病で喪ってからは脚本家としての才も発揮しはじめていた妻の音（霧島れいか）を心から愛していた。自分への妻の愛も疑わなかった家福だったが、あるとき、彼が仕事で出掛けたあとの自宅に妻が若い俳優を連れ込み、セックスに耽る姿を偶然目撃してしまう。妻の秘密を知ってしまい、うっすらと猜疑心を覚える家福に、ある日、音は「今晩帰ったら少し話せる？」と彼に語りかける。しかし、その言葉を残したまま、音はクモ膜下出血で突然この世から消えてしまった。

そして、物語は2年後に飛ぶ。家福は、広島市の演劇祭でチェーホフの『ワーニャ伯父さん』

を上演するレジデンス・アーティストとして招かれていた。当地に滞在しながら舞台作りをするため、主催側が用意した瀬戸内に建つ民家に住むことになるが、そこで彼は滞在中の専属ドライバーとして手配されていた渡利みさき（三浦透子）という寡黙な若い女性と出会う。また、家福が演出を手掛ける『ワーニャ伯父さん』の舞台のために公募オーディションで集まったさまざまな国籍の俳優たちのなかに、かつて音から紹介され彼女と関係を持っていた気配のするフリーの若手俳優・高槻耕史（岡田将生）が混じっていることに気づく。妻を喪った哀しみと、その妻の隠された秘密に苛まれながら、高槻と再会し、暗い過去をもつ渡利と過ごし、また中国、韓国といった多様な出自の俳優たちと広島の地で舞台を作るうち、家福の心には、しだいに決定的な変化が訪れていく……。

演劇的想像力とワークショップ映画との関係

まず、本作で観客の目を引くのは、なんといっても、村上の原作小説には存在しない、広島での『ワーニャ伯父さん』の舞台作りのエピソードだろう。ぼく自身を含む、すでに多くの指摘があるように、濱口作品はこれまでにも、今回の新作と同様に、演劇の舞台、あるいはそれと似たような俳優たちが身体を動かすパフォーマンスやワークショップのモティーフをたびたび映画の重要な構成要素として盛りこんできた。

演劇ということでは前作『寝ても覚めても』（2018年）でも同じチェーホフの『三人姉妹』が登場したが、ほかにも、中編『不気味なものの肌に触れる』（2013年）では同年代の主人公の少年、千尋（染谷将太）と直也（石田法嗣）が半裸になって行う奇妙なダンスの練習が描かれ、また、5時間超の大作『ハッピーアワー』（2015年）では、『ドライブ・マイ・カー』のように、同じ地方都市・神戸で開催され、ヒロインの女性たちが参加する「重心に聞く」という、これまた不可思議なワークショップが物語のひとつの軸を担っていた。そして、これも4時間におよぶ初期の傑作『親密さ』（2012年）ではまさに、やはり若者たちによる舞台公演と、そこにいたるまでの制作プロセスがなかばドキュメンタリーのようにたくみに物語化されていた。その意味で、『ドライブ・マイ・カー』の脚本は、原作からいかにも濱口的な改変が施されており、しかもそれは共同脚本を担当した大江がやはり演劇活動も行っていたことからも必然的な処理だったといってよいだろう。

また、こうした『ドライブ・マイ・カー』の趣向は、以上のように濱口のフィルモグラフィにおいても注目すべきポイントとなっているが、おそらく本書の読者はお気づきのように、ぼくが第1部の第3章で示唆した現代映画に台頭してきている「ワークショップ映画」や「プロセスの映像」とその特徴を共有しているという点でも非常に興味深い。

過去作の『親密さ』や『不気味なものの肌に触れる』、『ハッピーアワー』などと同じように、『ドライブ・マイ・カー』もまた、家福がなかば以上アマチュアのような俳優たちに独特の演技指導を施しながら、彼らが公演本番にいたるまでの読み合わせやリハーサルの稽古を繰り返す様子をえんえんと描きだす。しかもそれは、家福の行う演出法が、監督の濱口自身が近年実践するそれ（ジャン・ルノワールの開発したいわゆる「イタリア式本読み」）ときわめて似通っていることによって、この『ドライブ・マイ・カー』という映画自体の現実の制作プロセスと限りなく重なりあう。現代アートの世界でいう「関係性の美学」とも近いこうした枠組みは、――もちろん濱口の場合、直接的には彼の敬愛するジョン・カサヴェテスの方法論から導き出されたものだろうが――鈴木卓爾の『ジョギング渡り鳥』（２０１５年）や富田克也の『バンコクナイツ』（２０１６年）、諏訪敦彦の『ライオンは今夜死ぬ』（２０１７年）、上田慎一郎の『カメラを止めるな！』（２０１８年）といった、「なんらかの「ものづくりのプロセス」を丹念に描き、しかもその作品のつくり手たち自体もしばしばインディペンデントでアマチュアな状況にある――つまり、「完成」や「成熟」にいたるプロセスにある――という作品」というぼくの名づける現代の注目すべきワークショップ映画の定義と明らかに深く共鳴している。そして何より、実際に作中では、音の急死という物語前半の終幕に差し掛かる重要なシーンで、家福から今日の仕事は「ワークショップの講師」だという台詞が不意に口にされるのだ。まずこの点で、『ドライブ・マイ・カー』は村上の原作を、現代映画の先端的なパラダイムに一挙に肉薄してみせている。

分身と鏡

ともあれ、過去の多くの濱口作品と同じく、『ドライブ・マイ・カー』が一種のワークショップ映画という形式を借りて、フィクションとドキュメンタリー、素の身振りと演技、本心と嘘、そして映画＝表象と演劇＝現前といった、この映画作家が一貫してこだわるテーマを反復して描いていることは明らかである。

たとえば、それを本作において具体的なイメージとして形作っているのが、「鏡」を用いることによる濱口的な「分身」＝二重化の主題の再演だろう。対極的な属性を帯びながら一見限りなく似通っているために見分けがつかないふたつの存在――「分身」が、濱口作品のもうひとつの重要なモティーフをなしてきたことは指摘されてよい。『不気味なものの肌に触れる』の千尋と直也の双子的な関係性がそうだったし、もっともわかりやすいのは、いうまでもなく『寝ても覚めても』で東出昌大が一人二役で演じた丸子亮平と鳥居麦という、あの瓜二つの見た目のキャラクターにほかならない。

ひるがえって、『ドライブ・マイ・カー』でひときわ目を引くのは、物語のいたるところに顔を覗かせ、登場人物たちの関係性や心情を寓意的にかたどっていく無数の鏡の存在である。

たとえば、『ゴドーを待ちながら』の終演後に楽屋でくつろぐ家福のところに、音が高槻を引き連れて挨拶に訪れる。扉が開いた楽屋の入口でたたずんだまま、ふたりは家福と言葉を交わすのだが、椅子に座る家服の前の壁には横一面に長い鏡が広がっている。画面の両端に家福と高槻を配する位置に据えられたカメラの中央部分には、その鏡面に反射したそのふたりの姿が映っており、いわば両者の姿は画面のなかで二重化されている。このような鏡を効果的に使った演出が、『ドライブ・マイ・カー』ではそれ以外にも反復的に現れる。音の浮気の情事を目撃してしまった日の夜、ホテルに泊まった家福はノートパソコンのビデオ通話を使って音と話す。何も知らないかのように振る舞い妻と会話するこの家福の前にも鏡面があり、彼の顔はスクリーンに二重に分裂して映される。あるいは、物語後半の広島での舞台稽古のさいにも家福や高槻が本読みやリハーサルを行うオーディション会場には壁一面に鏡が張られており、芝居をする高槻や相手役のジャニス（ソニア・ユアン）の姿を反映することになるだろう。『ドライブ・マイ・カー』における以上のような鏡を用いたイメージの二重化＝「分身化」が、その物語のうえでも、彼ら登場人物たちの本心と演技、真実と嘘、実体と幻影といった相互に対立しあう二重性を象徴的に視覚化していることはまぎれもない。

そして、そのどこか居心地の悪い二重化を身振りとして鮮烈に演じるのが、その度肝を抜かれる映画の冒頭シーンから現れる、音による「語り」のもたらす奇妙な効果である。まず、ゆっくりとしたフェードインとともに映画が幕を開け、薄暗い部屋の奥に窓の枠とカーテンの影がぼんやりと見えている。不意に画面手前に逆光で黒い輪郭のシルエットとなった女性の裸体が起きあがる。そして、おそらくその裸体の主が語っていると思しい、感情の欠落した台詞のような声が画面に静かに響く。のちにそれは、音が情事のさなかに思いつく脚本のあらすじの説明であることがわかるのだが、まずここで観客は、それが彼女自身の本心のつぶやきとも演技の朗読とも判然とし難い、どこか現実から遊離した言葉の連なりに不思議な感覚を覚えるだろう。この映画には、そうした現実感覚やひとびとの企図があいまいに混濁する謎めいた瞬間がたびたび去来する。

「幽霊化」＝反復する声

そして、注目すべきなのは、そうした実体の乏しい音の「語り」＝声が、その後、言葉の真の意味で「幽霊化」していくことだ。

それを示すのが、ほかならぬ本稿の冒頭に描写したシーンにかかわっている。家福は出演する舞台の台詞を覚えるさい、自分の担当以外の台詞を抜きだした音の朗読をカセットテープに吹きこみ、愛車の運転中にそのテープの音の声と掛けあいながら台詞を口に出して暗記するという習慣をもっていた。そして、家福は音が死んでからも、そのときかかえていた仕事のために、音が残した『ワーニャ伯父さん』の朗読テープを車内で流して台詞を覚えようとしている。サーブの運転を渡利が請け負うようになってからも、後部座席に座った家福は変わらず習慣化された音の朗読のカセットテープで台詞を覚えようとしており、本作の後半はこの生者の家福と、すでに死者となった音の声が画面に遍在して響くことになるのである。いいかえれば、家福と映画を観るぼくたちは、メディアによって「幽霊」になった音の声を聴くのだ。

もちろん、ぼくたちは短編『天国はまだ遠い』（２０１６年）をはじめ、「幽霊」というモティーフもまた、これまでの濱口作品に陰に陽に見られてきた重要な要素だということを知っている。だが、おそらくここには共同脚本を手掛けた大江の存在も少なからず作用しているだろう。というのも、大江が２０１１年に発表した監督作『適切な距離』（２０１１年）は、『ドライブ・マイ・カー』の物語やモティーフとも遠く、しかし確実に呼応するところがあるからだ。

大江監督の『適切な距離』もまた、まさに現実と虚構、本音と嘘、生者と死者が複雑に交錯する奇妙なリアリティを感じさせる作品である。「大学で演劇を学ぶ主人公・松山雄二（内村遥）のつける日記の再現」だと冒頭で説明されてはじまる本作の物語では、雄二と、彼とふたりきりで暮らす母親（辰寿広美）がお互いの日記を覗き見ているのではないかという、谷崎潤一郎の小説『鍵』を思わせるメタ的な相互不信の展開が描かれる。なおかつ、興味深いのは、雄二が盗み読んだ母親の日記には、すでに死んだはずの彼の弟・礼司（時光陸）とのありえない日常の記録が綴られており、しかもそのうち、生きているはずの雄二と死んでいるはずの礼司という兄弟——ふたりの名前をあわせると「雄・礼」＝「幽霊」になる！——の世界がいつしかあいまいに交わりあい、夢か現実かわからない不思議な関係性が綴られていくというところだ。もはや明らかなように、この大江の映画は、演劇、分身的な存在、幽霊……と、『ドライブ・マイ・

カー』とその重要なモティーフの多くを共有しているのだ。

いずれにせよ、『ドライブ・マイ・カー』においては、その身体が死によって消滅したあと、カセットテープというメディアに記録された「声」として「幽霊化」した妻が、生者である夫の家福に取り憑き、その存在を絶えず脅かす。ここで重要なのが、その幽霊的存在のもつメディア性だ。メディアに記録された妻の声は原理的に同じひとつの声を反復的に再生可能であり、実際に家福は台詞の暗記のために、その妻の同じ声を一回ごとの練習のたびに繰り返し聴き直す。

よくいわれることだが、「幽霊」はフランス語では revenant と綴る。revenant は「回帰する revenir」の現在分詞形でもあり、したがって「幽霊」とは同時に、追い払っても追い払っても、何度でも「再来＝回帰するもの」でもある。まさにそれは、家福にとって精神分析的にいえば、「抑圧されたものの回帰」としての「不気味なもの Das Unheimliche」——実際、妻の秘密に気づいて以来、家福にとって妻は得体の知れぬ余所者と化してしまった——であり、文字通りの「トラウマ」として彼に取り憑き続けているのである。

あるいは、この妻のテープの声の幽霊的メディア性＝反復可能性は、かつてフランスの哲学者ジャック・デリダが詩人パウル・ツェランについて論じた『シボレート——パウル・ツェランのために』（岩波書店）のなかで提示する幽霊性とよく似ている。ここでデリダが具体的にもちだすのはカレンダーなどの「日付」だが、それがもつ反復可能性は本作のカセットテープの声にも当てはまるだろう。日付が示す現実の時間のある時点は実際に個々のひとびとの生が歩んだ具体的な時間であり、それはすべからく一回的で固有なものである。とはいえ、他方でそうした生や出来事の一回性は、逆説的にも「日付」という毎年繰り返される反復可能なものによって指示されるほかない。そこには、一回性と反復性、現勢性と潜勢性の混淆がつねに胚胎され続ける。デリダは、この日付のもつ両義性に幽霊的なものの内実を見いだした。

同様に、『ドライブ・マイ・カー』で家福が行う妻のテープの声を使った練習も、家福の生と結びついたそのつど一回ごとの発話＝声の固有性が、毎回同一の記号が無機質に反復する死んだ妻の発話＝声との擬似的なコミュニケーションによってこそ輪郭づけられるという二重性をもつ。家福の生は、逆説的にも、幽霊化した妻によって保証されるのだ。だが、このことは皮肉にも、家福にとっては、ある種の習慣からの安心や心地よさをもたらしてもいる。家福は、愛車のサーブを操作する渡利の運転技術を、あるとき彼女の運転はほとんど重力を感じさせず、こんなに心地いいのははじめてだ、と韓国人の夫婦に口にする。すなわち、彼にとって赤いサーブは、幽霊としての妻のトラウマが無意識のうちに抑圧され、その代わりに習慣化された愛する妻の声が反響するナルシシスティック（自己愛的）な密室になっているのだ。その彼の姿はどこか『雨月物語』（1953年）の源十郎を思わせる。母の胎内のようなサーブと一体化した家福は、幽霊＝トラウマ化した妻の「声」に反復的に脅かされながらも、それゆえにその居心地よい空間から容易に抜け出すことができないのだ。

しかし、そんな家福が憑依された妻の幽霊から解放されるのが、渡利と彼女の故郷である北海道上十二滝村へと向から物語のクライマックスのことである。白い雪原が広がる風景のなかで、渡利はかつて子どものころ、自分を虐待し不慮の災害で亡くなった母のある奇妙な性向を思い、あれが母親の演技かどうかはわからないが、本当だった、と口にする。彼らを取り巻く世界で素と演技、本音と嘘、生者と死者の混濁した均衡が崩れたこのとき、家福もまた、新たな意識で妻との日々を振り返ることができるようになっただろう。ここに、この映画のもっとも感動的な転回が待っている。

よく知られるように、かつてジャン＝リュック・ゴダールは、「男と女と一台の車があれば映画ができる」と述べた。その至言のレビュー対象であった作品、ロベルト・ロッセリーニ監督『イタリア旅行』（1954年）もまた、まさに倦怠期を迎え、なかば「幽霊化」したジョージ・サンダースとイングリッド・バーグマン演じる1組の夫妻がイタリア各地を車でたどるロード・ムービーだった。

『ドライブ・マイ・カー』は、21世紀の『イタリア旅行』だといえるかもしれない。濱口はいまなお、「男と女と一台の車」があれば、とてつもなく美しい1本の映画が撮れることをぼくたちに示してみせた。

第2章　変容する現代日本アニメ

第2章は、2010年代アニメについてのレビューやコラムを収録した。このなかでは、なんといっても冒頭の『君の名は。』レビューはわたしの予想以上に大きな反響を得ることができ、本書に収録した原稿のなかでももっとも思い出深いもののひとつ。2019年の『天気の子』のレビューも、新聞の社説に取り上げられたりして、ウェブ媒体の拡散力の強さを感じた。ちなみに現在、映画部ではアニメに関するトーク動画企画も展開している。

〈『君の名は。』の大ヒットはなぜ事件なのか？〉

新海誠はアニメ界の「鬼っ子」的存在

新海誠監督の新作アニメーション映画『君の名は。』が、記録的な大ヒットを続けています。公開10日間ですでに興行収入が38億円を突破したといいますから、これはもはや2010年代のアニメ界におけるひとつの「事件」といってよいでしょう。今年（2016年）の夏はさまざまな意味で「平成の終わり」を実感させられるニュースが相次ぎましたが、まさにアニメ界においても、名実ともにいよいよ「ポストジブリ」の新時代が到来したことを感じさせるできごとです。

しかも注目すべきは、今回のヒットが、内容的にもスタジオジブリやスタジオ地図（細田守）のように、老若男女、幅広い層から支持されているというよりは、10～20代の若者世代、とりわけ女性層に特化して受けているらしいという点です。この『君の名は。』をめぐる現在の盛りあがりには、ゼロ年代から新海作品を観続けてきたアラサーのいち観客として、いろいろと感慨深いものがあります。

新海のアニメーション作品を観るうえで、ぜひ踏まえておきたいキーワードがふたつあります。ひとつは、「セカイ系」。もうひとつは、「美少女ゲーム」です。

このふたつはいずれも、後述するように相互に関係しあっており、いわゆる「ゼロ年代」（2000年代）のオタク系カルチャーの本質を考えるうえで絶対に欠かせません。すなわち、新海誠というアニメーション作家の独創性、新しさを理解するうえでほんとうに重要なのは、かれがゼロ年代という固有の時代、そしてアニメ以外のオタク系コンテンツという固有の領域とが交錯する地点で出現したイレギュラーの才能であり、だからこそ、たとえばジブリ（宮崎駿、高畑勲）から押井守、庵野秀明を経て細田守にいたるような、戦後日本アニメ史の正統的な文脈やレガシーをじつはほとんど共有していない、いわばアニメ界の「鬼っ子」的存在だという事実なのです。結論からいえば、だからこそ今回の『君の名は。』の「歴史的」大ヒットは、一方で、日本アニメ史における大きな「切断」になりうるのであり、また他方で、（ゼロ年代から新海を観てきた男性観客にとっては）新海個人のキャリアにとっても新たな転換点になったと思うのですね。

新海アニメを支える「セカイ系」と「美少女ゲーム」

では、まず当時の状況を知らない若い読者のために、文脈を簡単におさらいしておきましょう。

新海の出世作となった自主制作アニメーション作品第2作『ほしのこえ』（2002年）は、今日のアニメ界ではおもに以下の2点において評価されているはずです。第一に、ほとんどの制作作業をデスクトップ上で新海ひとりによって手掛けられながら、高いクオリティを獲得した新世代のデジタル・アニメーションの金字塔として。そして第二に、いわゆる「セカイ系」作品の代表作のひとつとして、です。

セカイ系とは、おもにゼロ年代初頭から前半にかけてアニメ、マンガ、ライトノベル、ノベルゲームなどのオタク系コンテンツで流行した固有の物語類型を指す言葉です。それらは、いわば「物語の主人公（ぼく）と、かれが思いを寄せるヒロイン（きみ）の二者関係を中心とした小さな日常性（きみとぼく）の問題と、「世界の危機」「この世の終わり」といった抽象的で非日常的な大問題とが、いっさいの具体的（社会的）な説明描写（中間項）を挟むことなく素朴に直結している作品群」と定義されます。ごく簡単にいえば、「自意識過剰でひきこもりがちの郊外に住むヘタレな男子が、はるか遠くで戦う好きな女の子を思いながら、ウジウジ自分語りする物語」だと思っていただければいいでしょう。

　現代日本のサブカルチャーに決定的な影響を与えた傑作アニメ『新世紀エヴァンゲリオン』（1995～96年）の築いたさまざまな物語類型や想像力をダイレクトに受け継いだとされるこれらセカイ系作品は、当時のハイティーンから30代前半くらい、ぼく自身も含まれる、いわゆる「ロスジェネ」と呼ばれた世代の男性オタクたちに強く支持されました。何にせよ、繰りかえせば、新海の初期作品、『ほしのこえ』や『雲のむこう、約束の場所』（2004年）はそうしたセカイ系作品を象徴するアニメだとみなされたのです。

　さらに、このセカイ系の作品群が流行していたのとほとんど同時期に、同じロスジェネ世代の（まあ、当然ながら）男性オタクたちのあいだで流行していたのが、美少女ゲームというコンテンツでした。

　美少女ゲームとは、ゲームのプレイヤーが視点人物（男性）となって、登場する複数のアニメ調の美少女キャラクターとの分岐ルートごとの恋愛などを楽しみ、しばしばポルノグラフィックな表現や展開も盛りこまれるパソコンゲームです。それらはおもに90年代後半からゼロ年代前半にかけて独自の発達を遂げ、ときに「ギャルゲー」や「エロゲー」とも称されるように基本的にはポルノメディアとしての要素を多く含むものでもありました。ですが、同時にその独特の物語表現やシステムが注目され、これもゼロ年代のサブカルチャー表現に広く影響をおよぼしていきました。

たとえば、当代屈指のベストセラー作家である西尾維新など、美少女ゲームからの大きな影響を公言するクリエイターも少なくなく、『ゲーム的リアリズムの誕生』（講談社現代新書刊）の東浩紀や『不可能性の時代』（岩波新書刊）の大澤真幸のように、美少女ゲームを積極的に論じた著名な知識人も多くいます。そして、知られるように、美少女ゲームやエロゲー、そしてそれらに相当する同人ノベルゲームのライターから出発し、のちに一般向けアニメ作品で傑作やヒット作を生みだす有名クリエイターも数多く登場してきました。『Fate/stay night』（２００４年）の奈須きのこ、『ひぐらしのなく頃に』（２００２～08年）の竜騎士07、『魔法少女まどか☆マギカ』（２０１１年）の虚淵玄、そして『Charlotte』（２０１５年）の麻枝准……などなど。つまり、美少女ゲームは、成人向けを含むビジュアルノベルでありながら――いや、だからこそ突出した才能を生みだした、現代のポップカルチャーの趨勢を考えるときにきわめて重要なコンテンツなのです。そしてつけ加えておきたいのが、アニメ化もされた麻枝の代表作『ＡＩＲ』（２０００年）など、「泣きゲー」と呼ばれた一部のギャルゲーはセカイ系作品としてもみなされていました。

これが、新海デビュー当時のオタク系カルチャーの「風景」（の一部）です。

さて、あらためて話を新海作品に戻しましょう。

ようは新海とは当初、まさに以上のような文脈から登場してきたクリエイターだったのです。作品はセカイ系の代表作と評価されましたし、実際、『君の名は。』公開直後の対談記事でも、かつての自分の作品の観客は「20〜30代の男性」が中心だったと話しています。そして、今回のヒットであらためて注目されつつありますが、新海もまた、もともとはほかならぬ「ギャルゲー出身」のクリエイターでした。

知られるように、かれは大学卒業後、ゲーム制作会社「日本ファルコム」に勤めており、活動初期に、「minori」というエロゲーブランドから発売された『Wind -a breath of heart-』（2002年）や『はるのあしおと』（2004年）といった18禁ゲームのオープニングムービーをいくつか手掛けています。そして、04年にはさきほどの東が刊行した『美少女ゲームの臨界点』という美少女ゲームを扱った同人評論集に、まさに『AIR』をモチーフにした描き下ろし表紙イラストを提供したりしているのです（ちなみに、この同人誌には虚淵玄も登場しています）。

ともあれ、自身の公式サイトのフィルモグラフィにこうした「ギャルゲー時代」の情報や動画をいまなおアップしていることからも窺われるとおり、新海もまた、アニメ界で一定の認知をえた現在でも自らの作家としての出自を比較的オープンにしています。たとえば、それは『ほしのこえ』公開当時の新海の以下の発言からも明らかです。

僕がこれまで作ってきたCGアニメーションとか、ギャルゲーのオープニングと全く同じ方法で作ってますので、ルーツという意味ではやっぱりCGとかギャルゲーなのかな、と思っています。（「「ほしのこえ」は、どこから来て、どこに届いたのか――?」、『アニメージュ』2002年10月号所収）

いずれにせよ、新海とは本来、アニメではなく、ゼロ年代の「ゲームのひと」、しかもポルノメディアの近傍でも活動を開始した作家なのであり、当然、東映動画出身の宮崎や細田、破格のオタク的教養人である庵野とはそのスタンスが決定的に異なります（したがって、評論家の飯田一史が『ユリイカ』2016年9月号の論考で鋭く指摘するように、新海を「ポスト宮崎駿」「ポスト細田守」と呼ぶのはおかしい）。これらの一連の事実は、いま、『君の名は。』を観るとき、おそらく非常に重要です。

『君の名は。』の美少女ゲーム的構造

ぼくが『君の名は。』を試写で観たときの第一印象は、これは「セカイ系や美少女ゲームといった自らの作家的出自に自覚的に回帰している」と同時に、「それ以降の時代の変化にもう

まく乗っている」作品だというものでした。どういうことか。

まず、『君の名は。』の物語構造や映像表現は、それ自体きわめて「（美少女）ゲーム的」だといえます。たとえば、それは映画の冒頭部分のシークエンスから如実に窺われる。最初にざっと要約すれば、『君の名は。』は、田舎に住む女子高校生・宮水三葉（声：上白石萌音）と都会に住む男子高校生・立花瀧（声：神木隆之介）が主人公。かれらの夢のなかで起こる時空を超えた「身体の入れ替わり」からはじまる、いっぷう変わったジュブナイル・ラブストーリーです。時間的にも空間的にも遠く離れたふたりの主人公は、眠っているあいだにおたがいの身体が入れ替わってしまうことに次第に気づきはじめますが、目覚めるといつも、入れ替わっているあいだの記憶はなくしてしまう。

さて、主題歌とアヴァンタイトルの出たあと、映画はまず、まさに身体が三葉に入れ替わって目覚める瀧を描きだします。二階の自室で朝日にぼんやりと目を開けて起きあがってから、パジャマの下で膨らんだ見馴れない胸元を見降ろすPOVショットが入る。その後、身体が入れ替わっていることに気づいて驚く一連の様子が展開されるのですが、続いて制服を着た三葉が下階の祖母と妹が朝食を食べている居間に降りてくる。ショットは連続しているので観客は最初勘違いするのですが、「お姉ちゃん昨日おかしかったよ」という妹の台詞が入るので、そこは記憶が失われて三葉が自分の身体に戻ったあとの場面だということがわかります。いずれにせよ、以上の冒頭シークエンスのつらなりにも象徴されるように、『君の名は。』の場面展開は総じて、三葉や瀧ら登場キャラクターのいずれかひとりの視点＝意識から捉えられた、きわめて「主観的」なショットのみで構築されているのです。これはたとえば、ファンタジー嫌いで知られ、作品のあらゆるシークエンスを徹底して「三人称客観ショット」のみで構成しようとするリアリスト・高畑勲のアニメーションとは対照的な志向でしょう（高畑は新海作品には否定的なはずです）。

そして、いうまでもなくこの演出は物語のキーポイントである三葉と瀧の身体の入れ替わりにかかわるいわゆる「記憶喪失」のモチーフとも密接につながっています。たとえば、物語評論家のさやわかは、この記憶喪失の主題について、「アニメ」というジャンル特有の図像の記号性に注目して論じていました（「ぼくたちはいつかすべて忘れてしまう」、『ユリイカ』２０１６年９月号所収）。しかし、ぼくの考えでは、この場合にむしろ類比すべきなのは、どちらかといえば、ほかならぬ「美少女ゲーム」のシステムのほうだろうと思われます。

さきほども述べたように、美少女ゲームや乙女ゲームを含めたノベルゲームの構造とは、視点プレイヤーの主観ショットから見た画像がディスプレイに表示され、プレイヤーは、背景画のうえにイラストで登場する複数の異性キャラクターとのそれぞれ恋愛ルートを分岐ごとの選択肢を選びながら楽しみ、恋愛が成就（「攻略」）すれば「トゥルーエンド」、失敗すれば「バッドエンド」という結末にたどりつく。その過程でプレイヤーのリニアな物語は何度も「リセット」され、事実上どこまでもループしてゆくというゲーム特有のノンリニアな構造をもっています。

この、プレイヤーと作中キャラクターの視点が構造的に分離し、遡行的に見いだされる複数の「可能世界」＝「世界線」のあいだをループ的／並行的に移行するという物語表現やリアリティは、東浩紀が「ゲーム的リアリズム」（『ゲーム的リアリズムの誕生』）と呼んだもので、ゼロ年代以降、国内外問わず、非常に流行しました。日本のオタク系コンテンツの文脈でいえば、ハリウッド映画にもなったライトノベル『All You Need Is Kill』（2004年）や、これも社会現象にまでなったライトノベル『涼宮ハルヒの憂鬱』（2003年）、細田守監督のアニメ映画『時をかける少女』（2006年）、そして新房昭之監督のアニメ『魔法少女まどか☆マギカ』などいくつも挙げられます。また、これに関連してゲーム的なリセット＝記憶喪失の物語も、同時期に数多く作られました。大ヒットした韓国恋愛映画『私の頭の中の消しゴム』（2004年）が典型的ですが、たとえば、『君の名は。』では入れ替わり中のことを忘れてしまう主人公たちがたがいの顔や手に文字でメッセージを書いて伝える姿が描かれていますが、これなどはクリストファー・ノーラン監督の『メメント』（2000年）を思い起こさせる細部でしょう（この「表層性」がいかにも「アニメ的」だという解釈も可能でしょう）。

また、こうした「記憶喪失的」な主題は、作中でほかのところにも認められます。たとえば、三葉の生家である宮水神社で執り行われる豊穣祭の舞いの由来が、はるか昔に起こった大火のためにいっさい失われてしまい、いまは「形だけしか残っていない」のだと説明される設定もまた、いかにも「記憶喪失的」です。また他方で、後半のクライマックスのなかで、三葉が赤い組紐をカチューシャふうに結びなおすシーンが出てきますが、そのルックはぼくの世代のオタクが見ると、おそらくどう見ても涼宮ハルヒを思いだすでしょう。いわばここにもゲーム的構造をもった先駆作『ハルヒ』に対する隠れた目配せが示されているといえなくもありません。

「原点回帰」となった作品

いずれにせよ、もうおわかりのとおり、『君の名は。』の物語とは、いわばプレイヤーが感情移入すべき作中キャラクターから見た「可能世界」(世界線)が一回ごとに「リセット」されて幾度もループし続ける、ノベルゲーム的な構造を如実にそなえているといえます。さらにこの見立てでは、物語の後半と結末で、軌道を外れたティアマト彗星が糸守町に落下して町民もろとも死んでしまう運命にあった三葉を、瀧が時空を超えて救いだすという展開にそのままつながってゆくでしょう。いわば『君の名は。』とは、ゲームプレイヤーが、ヒロインが死んでしまうという「バッドエンド」の可能世界(ゲームルート)から何度もリプレイを繰りかえして、ふたりが生きて再会する「トゥルーエンド」にいたるまでのゲーム空間だとみなせるのです(こうした想像力は、たとえば今年の「SMAP解散騒動」の謝罪会見でもネタにされたように、かなり一般化しています)。

ついでにいうと、『君の名は。』に見られるこれらのゲーム的特徴は、今回、いたるところで新海との交流がフィーチャーされている岩井俊二の作品にも共通しています。じつはこれは拙著『イメージの進行形』（人文書院刊）でもすでに書いたことなのですが、岩井もまたテレビドラマ『打ち上げ花火、下から見るか？　横から見るか？』（１９９３年）や映画『花とアリス』（２００４年）など、きわめて「美少女ゲーム的」な構造やモチーフをともなった作品を手掛けているのですね。また、ほかにも岩井と新海は、逆光表現を多用した繊細な映像表現や、音楽の効果的な使い方、あるいはかたや「ミュージックビデオ」、かたや「パソコンゲーム」と、「映画」や「アニメ」とは異なる分野から進出し、成功を収めたという経歴でも共通しているところが多い。

とはいえ、『君の名は。』はゲーム的、というよりもやはり、あくまでも「美少女ゲーム」のジャンル的記憶を濃厚に背負っているようにぼくには思われます。たとえば、三葉が妹から自分の作った口噛み酒（Twitterでさっそくネタにされているように、この設定自体、なかなかエグいものがありますが……）を売ればいいんじゃないとからかわれた瞬間に、彼女の脳裏に浮かぶいわゆる「ＪＫビジネス的」な広告イメージを挿入する演出などは、少なくともたんなる「爽やか青春ラブストーリーアニメ」という定型からははみだした要素を感じます。『君の名は。』において新海は、だれもが安心して観られるようなファミリー向け作品を志向するジブリや細田アニメならば比較的排除するであろう、セクシャルな演出をあえて避けずに取りこんでいるわけです。

ともあれ、『君の名は。』をその深部で規定しているのは、新海がその出自としてもっている、ゼロ年代の美少女ゲームのジャンル的想像力だといえると思います。しかも他方で、はるか上空から飛来する巨大な彗星群が、親密でありながらも遠く隔たった場所にいる一組の少年少女の――とりわけヒロインの――運命を引き裂き、かれらのいる「世界の危機」を救うべく主人公が奮闘して成長してゆく――以上のような『君の名は。』の物語は、これも述べたとおり、『星を追う子ども』（2011年）、『言の葉の庭』（2013年）といった近年の作品とは異なり、明らかにかつての「セカイ系」と呼ばれた初期作品群にふたたび回帰しているともいえるでしょう。その意味で、『君の名は。』は新海が、自身の正統的なアニメ史的文脈からは遠く隔たった特異な創造的出自を意識し、明確に「原点回帰」した作品だということができるのです。

捻れた「国民アニメ」の誕生

さて、――にもかかわらず、です。

今回の空前の『君の名は。』現象が興味深いのは、かつて「10〜30代の男性オタク」をおもな消費者にし、しかも男性向けビジュアルノベルのムービー制作にもかかわっていた新海が、明確にそれらかつての物語的／ジャンル的記憶に「原点回帰」して作っているはずの作品が、セカイ系も美少女ゲームもまったく知らない「10代の女性観客」を中心に、目下、前代未聞の大ヒットを記録しているという事実でしょう。きわめてニッチなファンに向けて、マイナーなジャンルから出発した作家が、ある種の「原点回帰」した作品で、破格のメジャー性＝国民性を獲得してしまった。ここには、多くの「捻れ」が潜んでいます。

実際、たしかに『君の名は。』は、何度も述べたように、物語的にも演出的にも、ジブリや細田アニメのような「国民的アニメ」「ファミリー受け」を明確に志向していない。また、かつてのぼくたち若い男性観客が支持したセカイ系的な世界観や設定も多く含んでいる。にもかかわらず、これもまたたしかに、他方でぼくは『君の名は。』を観たとき、決定的な違和感も覚えました。本作は表面的にはセカイ系的でありながら、しかしどこかセカイ系とは違う。

それはおそらく、主人公の瀧がセカイ系的ヘタレ男子――『雲のむこう』の浩紀や『秒速5センチメートル』（2007年）の貴樹などを思い浮かべてください――とは異なる、いかにも「ポストゼロ年代的」な主体的に行動し、運命を変えていこうとする「リア充的」なキャラクター像に変えられているからです。実際、こうしたモデルチェンジは、近年のオタク系コンテンツではしばしばありました。たとえば、『秒速』のセカイ系非モテ主人公・貴樹と『君の名は。』のリア充主人公・瀧の違いは、旧『エヴァ』の主人公・碇シンジと『ヱヴァンゲリヲン新劇場版：破』（2009年）のシンジのキャラチェンジにぴったり対応しているといえます。だからこそ、『君の名は。』はまぎれもなくセカイ系的なアニメでありながら、どこかかつて観たものとは違う、セカイ系ならざるアニメでもあるわけです。ともあれおそらく新海は、こういったマイナーチェンジを細かく積み重ねることで、今回、「ファミリー向け」の作りでなくとも、「国民的」な規模の大ヒットアニメを作ることができると証明してしまった。ここにこそ、『君の名は。』の画期があります。

『君の名は。』は、かつての宮崎の『風の谷のナウシカ』（1984年）のように、あるいは庵野の『新世紀エヴァンゲリオン』のように、日本アニメ史の何かを確実に変えてしまった。しかし、それは何かの継承というよりも、むしろ決定的な「断絶」です。日本アニメ界の「鬼っ子」新海が作った新作は、文字通り日本アニメの完全な「鬼っ子的」傑作になりました。そして、おそらくはこの「鬼っ子」＝例外が「オリジン」＝起源となる、新たな日本アニメ史がこれから立ちあがってくるのだろうとぼくは思います。

〈リメイクから見る『打ち上げ花火、下から見るか？　横から見るか？』〉

22年ぶりのアニメ化リメイク

現在劇場公開中の新房昭之総監督・武内宣之監督によるアニメーション映画『打ち上げ花火、下から見るか？　横から見るか？』（２０１７年）は、知られるように岩井俊二監督が１９９３年に手掛けたテレビドラマ『打ち上げ花火、下から見るか？　横から見るか？』（連続オムニバスドラマ『ifもしも』の一編として放送された後、95年に再編集して劇場公開）のリメイクです。

「原作」となった50分のドラマ作品は、九十九里浜に面した千葉県飯岡町（現在の旭市）近辺を舞台にした少年少女たちのひと夏のジュブナイルラブストーリー。地元の小学校に通う典道（山崎裕太）と祐介（反田孝幸）は親友同士でしたが、ともに同級生の美少女、及川なずな（奥菜恵）に片思いをしています。ところが、なずなは両親の離婚により、密かに夏休み明けの転校を控えていました。ある時、プール掃除の合間に水泳競争をしていたふたりを見かけたなずなは、勝った方と町の花火大会の日に駆け落ちしようと思いつきます。他方、典道の友人たちは放課後の教室で「打ち上げ花火は横から見たら丸いのか、それとも平べったいのか？」という疑問をめぐって議論をしていました。ついに彼らは町の外れにある飯岡灯台に昇って確かめようということになります。物語は打ち上げ花火の謎をめぐってささやかな冒険に出掛ける少年たちと、プール競争の結果によってふたつの異なった運命を辿ることになる典道となずなの小さな恋物語を交錯させながら描いていきます。

繰り返すように、本作は連続テレビドラマの一編として放送されながらも、当時珍しかった「フィルム効果」を使って撮影され、逆光やソフト・フォーカス、レンズフレアなどを駆使した繊細で情緒的な映像表現、独特のフラッシュカットなど後に「岩井美学」と称されることになる岩井独特の映像世界が早くも縦横に展開され、放送直後から大きな反響を呼びました。ほかならぬぼく自身も当時、小学6年生の夏休みの終わり、たまたまオンエア時に観て強い印象に残ったことを覚えています。同年にはテレビドラマ作品としては異例の日本映画監督協会新人賞を受賞し、映画監督進出に繋がる岩井の出世作となったばかりか、その後もカルト的な名作として一部で熱狂的に支持され、またオマージュやパロディの対象になってきました。とりわけ有名なのが、今回のリメイク版の脚本を担当した大根仁の演出によるテレビドラマ『モテキ』（2010年）のなかのパロディでしょう。第2話で登場人物の一人、中柴いつか（満島ひかり）が本作の大ファンという設定で、ロケ地を「聖地巡礼」する様子が描かれるのです。

そして、発表から22年を経て今回作られた90分のリメイク版ではとりわけ後半部分の展開が新たに付け加えられ、アニメならではの実写原作では不可能だった幻想的な物語が描かれることになります。

「悪い場所」としての『君の名は。』との距離感

劇場公開から2週間あまり経過した時点の評判は賛否両論といった印象でした。

その大きな原因のひとつは、やはり社会現象的な大ヒットを記録したアニメ映画『君の名は。』（2016年）との（ぼく自身も含めた）観客側の予断的な比較にあったことは間違いがないでしょう。それもそのはず、まず本作は『君の名は。』と同じ東宝の敏腕プロデューサー、川村元気による企画であり、『君の名は。』の大ヒット以降、急速に台頭してきた一連の「アニメ映画ブーム」の延長上に位置づけられ、なおかつ『君の名は。』同様、夏休み興行の「青春ラブコメSF」という枠組みで作られ、公開されているからです。また、映画の宣伝ポスターや予告編もどこか『君の名は。』を意識したようなデザインや構成に見えます。

もとより、ここ数年の日本映画界は2013年の宮崎駿監督の引退宣言と翌年のスタジオジブリ解散に始まるいわゆる「ポストジブリ探し」――つまり、ニッチな「アニメオタク向け」ではなく、高い作家性と幅広い大衆性を兼ね備えた「一般向け」の大作アニメの潮流の開拓に

躍起になっているところがあります。むろん、今年の宮崎の引退撤回と新作長編製作開始で若干潮目が変わった部分はありますが、これはもはやエピソードに過ぎず、大局的な流れで本質は変わらないでしょう。そして、ここ数年は宮崎と同じ東映動画を出自とする細田守が誰の目にもその急先鋒とみなされてきました。が、周知のように、『君の名は。』の「ワンチャン的」な（「前前前世」ならぬ）大大大ヒットによって、「ポストジブリ」の系譜は奇しくも本来、彼らとはまったく文脈が異なる場所から出発し「国民的」クリエイターとなった新海に連なることになったわけです。

いずれにせよ、ジブリ同様、実写の有名監督の名作を原作にするというアニメファン以外の観客にも広くアピールするフックを設け、あまつさえ後述するように、ほかならぬ新海に大きな影響を与えた岩井作品のアニメ映画化という『打ち上げ花火』の企画は、さまざまな点でまさに「ポストジブリ的」な要素に満ちており、その意味で昨年の『君の名は。』のような娯楽大作を期待して足を運んだ観客も多かったに相違ありません。

実際、『君の名は。』もまた、細田守的な「同ポ」ショットの反復（閉まるドアや扉の超ローポジション）など、過去の著名なアニメ作家の指標的な演出を意識した画面が目についた作品でしたが、それを意識してかどうか、今回の『打ち上げ花火』もまた、それに近いショットや演出がいくつか見られました。たとえば、主人公の島田典道（声：菅田将暉）とヒロインの及川なずな（声：広瀬すず）が茂下駅から電車に乗って駆け落ちする岩井版にはない映画後半のシークエンスは、むろん直接的な着想源は、本作をめぐるドキュメンタリー『少年たちは花火を横から見たかった』（1999年）でも語られたように、もともと原作の発想元にあった宮沢賢治の童話『銀河鉄道の夜』に由来しているものの、海の上を走る単線電車のイメージは、紛れもなく宮崎駿の『千と千尋の神隠し』（2001年）のクライマックスを思わせますし、また作中でヒロインのなずなが佇む大きな風車の回る花畑で、足元に咲く花が風に揺れる描写は細田守の『おおかみこどもの雨と雪』（2012年）の冒頭シーンを髣髴とさせます。さらに、本作では主人公たちが通う中学校の担任教師・三浦先生役として花澤香菜が登板していますが、これもまたいうまでもなく『君の名は。』（とその前作『言の葉の庭』〔13年〕）のヒロイン・宮水三葉（声：上白石萌音）の高校の国語教師「ユキちゃん先生」への目配せを感じさせる配役となっています。

以上のような『君の名は。』の細部との類似点からも、今回のリメイクが製作側において「ジブリから『君の名は。』へ」の系譜をまったく意識しなかったわけではなさそうです。とはいえ、そうした期待で観た一般観客たちにとっては、今回の『打ち上げ花火』の後半の冗長な繰り返しの展開（テーマ的にはこれは避けられないのですが）や、物語的カタルシスには相対的に弱いラストなどは、確かにいささか拍子抜けするところがあったのでしょう。

むしろ、アニメファンや評論家にとっては、今回のリメイクは、いわゆるジブリ系の一般向けアニメや実写映画の観客であれば馴染みが薄いようなきわめて「アニメ的」な映像表現や演出にこそ注目すべき要素が多々あったようです。本作の制作スタジオである「シャフト」と総監督の新房は、とりわけ2010年代以降、『化物語』（2009年）、『魔法少女まどか☆マギカ』（2011年）など、深夜アニメ発の話題作、傑作を数多く手掛けています。精細な分析はぼくより詳しい専門家のかたに任せたいのですが、確かに本作でも〈物語〉シリーズの渡辺明夫がキャラクターデザインを手掛けているほか、作中には俗にファンの間で「シャフ度」と呼ばれるキャラクターが誇張気味に顎を上げ、首を後ろに反りながら振り返る動作（冒頭のなずなが典道を振り返って見つめるスローショットなど）や、シャフト作品に特有なエッジの効いたカッティングや奇抜なアングルなどが随所に登場します。また、石岡良治が『キネマ旬報』2016年8月下旬号のレビュー（「増殖する「もしも」のただ中へ」）で指摘するように、なずなの「旧スクール水着」や「白いワンピース」といったかつてのオタク系コンテンツの符牒的なイメージの頻出もこうした文脈に回収可能なものでしょう。このように本作はむしろ先に述べてきたジブリ系アニメの系譜とは対照的な、ニッチなオタク系アニメファンの感性に馴染み深い演出によっても組み立てられており、実際、むしろそうした観点からこそ肯定的に評価する向きも多いように見えます。

ここまでをまとめていえば、今回の『打ち上げ花火』を語るときに、先行する新海の『君の名は。』はむしろ美術評論家の椹木野衣のいう意味での「悪い場所」――歴史的かつ構築的なパースペクティヴを見失わせ、あらゆる文脈をグズグズにしてしまう回路として機能してしまっているような気さえします。しかし、ぼくの考えでは、「岩井俊二」と「新海誠」という名前の取り合わせはやはり現代の日本映画を考えるときにきわめて重要な結びつきを担っており、やはり本作を語る上でも欠かせない要素だと思っています（この問題の詳細については、最近刊行された大澤聡編『1990年代論』〔河出書房新社〕所収の拙論で簡単に論じました）。したがって、ここではあえて『君の名は。』も意識しながら、本作の「リメイク映画」としての側面に注目し、そのいくつかの魅力をざっと述べていきたいと思います。

岩井版からの継承と新海アニメとの交錯

そこで、改めて『君の名は。』の話題から始めましょう。

たとえば、ぼくは前節の『君の名は。』のレビューで、このアニメ映画の持つ「（美少女）ゲーム的」な構造とその岩井作品との共通性を指摘しました。

ぼくは『君の名は。』の物語を、およそゼロ年代あたりからサブカルチャーコンテンツのなかで流行したいわゆる「ループもの」や、批評家・東浩紀のいう「ゲーム的リアリズム」という形式に非常に近い印象を与える作品だと解釈しました。そしてひるがえっていえば、これも指摘したように、90年代前半に作られた岩井の『打ち上げ花火』（より正確にはこのドラマを含む『ifもしも』というシリーズ）とは、じつはこうした意味で「ゲーム的」（ノンリニア的）な想像力や構成を意識して作られた先駆的な作品だったということができます。

改めて説明するまでもないでしょうが、本作は「(A)典道がプールの競争で勝ってなずなと一緒に駆け落ちするか、(B)それともしないか」というふたつの分岐ルートが描かれた作品であり、その複岐的な構造は、タイトルの「下から見るか？　横から見るか？」にも反映されているものです。また、岩井自身がこうした作品の「ゲーム性」を強く自覚していたことは、作中で典道と祐介がスーパーファミコン(『スーパーマリオワールド』『ストリートファイターⅡ』)をプレイする場面が登場することからも窺い知れるでしょう。あるいは、岩井はこうしたゲーム的な物語をこのあとの『花とアリス』(2004年)でもふたたび描くことになります(この点についても拙著『イメージの進行形』〔人文書院〕で論じました)。ともあれ、だからこそこうした『君の名は。』のゲーム／ループ的な物語構造を、やはり本作のエンドクレジットでスペシャルサンクスに名前が掲げられ、新海自身がかねてからその作品からの大きな影響を公言している『打ち上げ花火』を含む岩井の作品群に由来を求めることはさほど不自然ではないでしょう。

さて、以上の文脈を踏まえながら、今回のリメイク版の演出をもっと具体的に見てみることにしたいと思います。

まず第一に、今回のアニメにおける原作ドラマからの改変は、主人公たちが小学生から中学生へ、舞台が現実の飯岡町から架空の「茂下町」へと変更されたことなど、大きな要素がいくつか見られますが、その重要な要素のひとつにループ＝可能世界のよりいっそうの多層化が挙げられます。

原作に比較して約40分近く物語が長尺になったこととも関係しますが、岩井版では1度だけだった「時間の逆行」＝リセットと分岐ルートが、本作では3度に増えています。映画ではこの物語的な改変を象徴するかのように、全編にわたってループ＝循環のイメージを喚起する物体がそこかしこに頻出します。たとえば、中学校の校舎や茂下灯台の螺旋階段、海岸沿いに並ぶ巨大な風車、なずなの部屋に吊るされたミラーボールのような形の照明家具とイサム・ノグチの「AKARI」、あるいは校庭の芝生に設置された水撒きなどなど、新房たちは「循環」や「回転」を思わせるガジェットを多数散りばめることによって、本作固有のテーマそのものを巧みに形象化しているのです。また、同じことは物語前半の印象的なプールのシーンでもいえるでしょう。ここは作中で典道となずなが初めて言葉を交わす重要なシーンですが、そのきっかけとなる、原作ではなずなの首筋についたアリが、今回はトンボに変更されています。そして、典道がなずなからトンボを追い払ったあと、映画は空高く上昇していったトンボのPOVショット（見た目ショット）をインサートします。このPOVの画面では上空を見つめる典道となずなの姿を、トンボの複眼を模していくつも分割されたフレームで見せていますが、これもいわば物語後半のループ＝「もしも」の増殖をはるかに暗示する演出といえるでしょう。

また第二に、本作ではかつての原作の岩井美学に特徴的な映像表現（作画）も種々取り入れられています。たとえば、キャラクターたちのPOVショットによる繋ぎ、淡いソフト・フォーカス、青空の陽光のレンズフレアなどです。あるいは、なずなが自宅の前で母親（声：松たか子）

に強引に腕を引っ張られて連れ戻されるシーン。原作では岩井特有のジャンプ・カットで描かれていたところを、シャフト作品ならではのシャープなカッティングとも相俟ってかなり忠実に再現していました。

さらに岩井的な映像の継承という面では、付け足された物語の後半に登場するなずなの歌唱シーンにも注目しておくべきでしょう。2度目の「リセット」を経て茂下駅のプラットフォームから典道とともに電車に乗ったなずなは、車内で母が好きだったという松田聖子の「瑠璃色の地球」(1986年)を口ずさみます。すると、暗くなった車窓の外にドレス姿の自分が映り、そのままなずなと典道は電車を飛び出し、馬車に乗って非現実的な空間に辿り着くとふたりで歌いながら踊ります。この通常の物語から逸脱して楽曲の歌唱とともに踊るシーンは、いわばここだけどこか「ミュージック・ビデオ」の演出を思わせます。この演出もまた、映画監督やドラマ演出家のさらに以前、もともとミュージック・ビデオの演出から映像の世界に入ったという岩井のキャリアに対する新房や大根の目配せのようにも感じられるシーンなのです。

しかし、ここで急いでつけ加えなければならないのは、やはり以上の本作の一連のシーンは、単に原作の岩井の作品だけでなく、それが影響を与えてもいる新海のアニメを間に挟んで観られなければならないということです。というのも、これもいまや有名ですが、本来アニメ作画には不要なはずのレンズフレアの描きこみなど、いわゆる「アニメにおける擬似実写的演出」は、岩井美学も意識しつつ、ほかならぬ新海が自作で積極的に試みてきた特徴的な手法でもあったからです。この「アニメの擬似実写的演出」は、新海のほかにも、山田尚子監督の『映画 聲の形』（2016年）をはじめ、昨年のアニメ映画ブームのなかで一挙にメジャーに認知された感がありました。今回の『打ち上げ花火』でもまた、なずなたちのプールの飛び込みシーンやなずなの部屋、典道の家のトイレなど、いたるところで広角レンズ風のショットが登場するところにも、本作がこうした傾向を踏襲しようとしていることが窺われます。

したがって、アニメ版『打ち上げ花火』の数々の演出は、岩井の実写版原作へのレスポンスであるとともに、それは同時に、やはり「岩井チルドレン」である『君の名は。』の新海のアニメとの関係においても見られなければならないのです。

デジタル時代特有のアニメ表現

以上のように『打ち上げ花火』をめぐる新房、岩井、そして新海のトリアーデを設定してみたとき、さらに見えてくるものは何なのでしょうか。

それはおそらくは映画をはじめとする昨今の「映像のデジタル化がもたらしている文化表現の変化」という問題系だろうと思われます。よく知られるように新海や山田、そして今回の『打ち上げ花火』をはじめとする「アニメの擬似実写的演出」というのは、やはりこうした映像のデジタル化に伴う「実写とアニメの融合」という事態が深く関係しているはずだからです。

映像の媒体がアナログ（フィルム）ではなくなり、デジタル合成やデジタル作画が主流になってくると、昨今のハリウッドの「マーベル映画」などが典型的なように実写映像は限りなく「アニメ」と見分けがつかなくなってきます。アメリカの有名なメディア研究者レフ・マノヴィッチはこれを、「デジタル時代の映画とは、実写の部分を多く含むアニメーションの一例である」（『ニューメディアの言語』）と定義しています。また、アニメの方でも「聖地巡礼」の舞台となるテレビアニメの背景画のように現実の風景写真をデジタルでトレースして作画するというようなスタイルが浸透していきます。もちろん、日本のアニメに実写レンズ的意識をレイアウトシステムとして導入したのは、何も彼らが最初ではなく、大友克洋や押井守など90年代以前から重要な前例はいくつかあったことはよく知られています。しかし、その試みが広くメディア表現として時代的意味を持つのは、やはりデジタルシネマやデジタル作画が完全に浸透したゼロ年代以降であったでしょう。アニメと実写の両方を手がける押井がかつて先駆的に述べたように、「すべての映画はアニメになる」状況がいま、本格的に到来しているのです。

ともあれ、ここでもまた岩井と新海という名前は重要な意味を持ってきます。拙著を含めこれまでにも再三論じてきたように、岩井は、日本映画の監督のなかでも早くから先端的なデジタル技術に関心を示し、自作の製作に積極的に取り入れてきた作家でした。短編『ｕｎｄｏ』（1994年）ではノンリニア編集（Ａｖｉｄ）、『四月物語』（1998年）ではデジタルサウンドシステム、『リリイ・シュシュのすべて』（2001年）ではＨＤ24Ｐなどを日本映画ではじめて、あるいは本格的に導入したことで知られています。そして、ここには近年の岩井が『花とアリス殺人事件』（２０１５年）などで本格的に自らもアニメーション製作に乗り出していることも付け加えるべきでしょう。

また他方、新海も、いうまでもなくデジタルアニメーションの先駆的な傑作『ほしのこえ』（２００２年）で脚光を浴びたことからも明らかな通り、デジタル世代のアニメを代表する作り手とみなされてきました。そして、こうした感性はもちろん、岩井に影響を受けた今回の『打ち上げ花火』の新房や大根にも共通しているでしょう。

そして、ここで不意に気づかされるのは、ほかならぬ岩井の『打ち上げ花火』にもじつはその主題の中心部分に今日のデジタル的な感性を予言的に示す隠喩系が込められていたのではないかということです。そして、先取りしていえば、それは紛れもなく今回の『打ち上げ花火』の特徴的な演出にも受け継がれ、取り入れられているでしょう。

たとえば、この作品の物語のひとつの軸を担っている、作中で少年たちが言い争う「打ち上げ花火は横から見ると、丸いのか？　平べったいのか？」という問い。思えば、これは「２Ｄ（平面）なのか、３Ｄ（立体）なのか？」という問いへと置き換えられるものです。そして、それはそのまま「平面＝セルアニメか、立体＝実写的対象か？」というメディウム的区分の連想へと発展しえます。そう、つまり、「打ち上げ花火は横から見ると、丸いのか？　平べったいのか？」という問いとは、もとよりネットや携帯端末といったデジタルメディアが本格的に普及する直前の93年に岩井から早くも投げかけられていたアナログとデジタル、フィルムとCGといったメディア的な対立と移行を隠喩的に問題化するモティーフでもあったといえるわけです。

　そして、おそらく今回の『打ち上げ花火』のスタッフは、その間に新海が達成した成果も踏まえつつ、22年前に岩井が投げかけた問いを「ポストメディウム」などとも呼ばれるデジタル環境が浸透しきった現在において、きわめてアクチュアルな形で作品に反映させているように思います。

　その例をいくつか挙げておくと、本作では画面の構図がアニメ表現にふさわしく、登場人物や物体の周囲を、空中を舞うようにグルグルと動き回るレイアウトが多数取り入れられています。なずなが自宅前で母親に連れ戻された後、典道が「もしも玉」を投げると、舗道の掲示板の前の空中で玉が浮いて止まる。映画の画面はその玉と典道の姿の周りをまるで虫のようにグルグルと巡ります。このもちろん原作ドラマにはない特徴的なカメラワークは、ある意味で現在、映画撮影でも主流になりつつあるGoProやドローンなどのモバイルな撮影端末による映像を観客に容易に想起させるでしょう。あるいは、物語の後半で典道となずなが見る、非現実的な形の打ち上げ花火の数々は、現実の花火というよりも、いまのぼくたちの目には、舞台パフォーマンスなどでも積極的に導入されているデジタル映像によるプロジェクションマッピングによく似ているのです。

　つまり、アニメ版『打ち上げ花火』には、原作放送からおよそ四半世紀の間に日本の映画や映像文化のなかで浸透し、その本質の一部が昨年の『君の名は。』にも反映されていたメディア環境の変化（デジタル化）が、さまざまな文化表現や演出、主題となって巧みに込められているといえます。その意味で、本作はおよそ四半世紀前に岩井が投げかけていた映像をめぐるさまざまな問題に対し、現在の映画・映像をめぐる状況のなかから一定のレスポンスを返した「リメイク」として示唆に富む作品になっているといえるのです。

〈『天気の子』から〝人間性のゆくえ〟を考える──新海誠とポストヒューマン〉

ポストヒューマンから読み解く『天気の子』の可能性

新海誠の監督第7作となる最新作『天気の子』（2019年）が7月19日に、いよいよ公開されました。

興行収入250億3000万円という日本映画歴代2位（当時）の大記録を打ち立て、ハリウッドでのリメイクも決定し、さまざまな意味で日本アニメの転換点になったとも評価された前作『君の名は。』（2016年）から3年ぶりの待望の新作です。公開後の観客動員も好調なばかりか、批評的にも、すでに『君の名は。』以上の賛否両論を巻き起こしているようです。

『天気の子』は、伊豆諸島の離島から家出してきた高校生の少年・森嶋帆高（声：醍醐虎汰朗）と、天気を局地的に操る不思議な能力を持った「100％の晴れ女」天野陽菜（声：森七菜）が、異常な降雨が続くオリンピック後の東京の街で出会うボーイ・ミーツ・ガールの物語です。周りに身寄りもなく、貧しい彼らが陽菜の特殊能力を活かして晴れ間を呼び寄せるビジネスを始めますが、しかし、やがて陽菜にはその能力の代償となる、ある宿命が隠されていたことが徐々に明らかになっていきます。

さて、昨今、「ポストヒューマン」や「ノンヒューマン」という言葉が世間の耳目を集めています。「オブジェクト指向の哲学」などという思想もあり、それらは記号や物体をあたかも生きものや人間のように動かすアニメーション表現それ自体ともしばしば結びつけられたりします。ともあれ、それらは総じて現代世界のさまざまな変化の渦中で、かつての「人間」のイメージや位置づけが変わってきた事態を手広く名指すキーワードでしょう。ぼくもこれまでそうした視点からアニメーションや新海作品をたびたび論じてきたりしました。

それで行くと、今回の『天気の子』もまた、そうしたポストヒューマン的問題――いわば従来の「人間」と「人間以後」のはざまを問う問題――について考えさせる細部を如実に含んだ作品に見えます。

このレビューでは、さしあたりそうした視点からこのヒット作を読み解いていきたいと思います。

キャラクター表現の初期作への回帰

まずはそのことを、新海作品の系譜から紐解いてみましょう。たとえば、それは『天気の子』の持つ、かつての新海作品を思い起こさせるような、キャラクターの設定や描写の希薄さ——つまり、「人間」としての厚みを欠いたキャラクター像という意味でのポストヒューマン性として表れているように思います。

今回の新作で目を引くのは、主人公の帆高や陽菜のキャラクター造型の薄っぺらさでしょう。神津島にいる家族のもとから家出してきたという帆高にせよ、映画の冒頭シーンで母親を亡くし、弟の凪（声：吉柳咲良）とともに安アパートで暮らしている陽菜にせよ、彼らの過去の説明は極端に省略され、また、今回の作品のモティーフである天候＝風景描写の濃密さに比較すると、その感情や行動の説話的連続性や描きこみはかなりほつれ気味で、表層的な印象を受けます。今回、作品を観た少なからぬ観客がすでに指摘している、ラストの帆高の行動の選択と物語の結末の、いささか唐突で消化不良気味にも見える印象も、こうした設定や描写の希薄さに由来しているといってよいと思います。

事実、その点については新海自身も、公式パンフレットのインタビューのなかで、「トラウマでキャラクターが駆動される物語にするのはやめようと思った」（16頁）ので、帆高の家出の理由をあえて意図的に語らなかったと語り、また、当初、「父親殺し」のような濃密な関係性を割り振っていたという帆高と、彼を自身の零細編集プロダクションへ雇う須賀圭介（声：小栗旬）のあいだの描写も、より穏当なかたちに変更したと明かしています（14頁）。

こうした『天気の子』の演出は、さしあたり前作『君の名は。』とはいかにも対照的です。『君の名は。』では、ヒットメイカーとして知られるプロデューサーの川村元気の意向が大幅に反映されたと思われますが、そのために新海アニメーションの代名詞的なイメージであった風景表現が相対的に抑制され、代わって田中将賀のデザインによるキャラクターの描写や演出のほうが強調されていました。ひるがえって、その意味で（同じ田中が引き続きキャラクターデザインを手掛けているにせよ）『天気の子』は、新海のフィルモグラフィからいうと、むしろ『ほしのこえ』（2002年）から『秒速5センチメートル』（2007年）にいたる、初期作品群のテイストに回帰しているといえます。

これまでにもしばしば指摘されてきた点ですが、これらの初期作品群に顕著なように、本来、新海という作家は、風景表現の緻密さに比較して、キャラクターの造型に関しては弱いところが目立ちました。そしてそれは、もともと彼がアニメーター出身ではなく、パソコンゲームのオープニングムービーの制作からキャリアを出発させたというユニークな経歴に由来しているとされてきたのです。つまり、新海のアニメーションの画面とはゲームの背景イラストとそのうえにペタッと載るキャラクターの立ち絵にそのままなぞらえられるのであり、そこではキャラクターの描写もどこかプレーンなものとなります。『天気の子』の帆高や陽菜の描写は、その意味で『雲のむこう、約束の場所』（２００４年）の浩紀や『秒速』の貴樹と同様のテイストに戻っているといえます。

ついに全面化した天気＝風景モティーフ

それゆえに、今回の新作で新海が、自らの代名詞的なモティーフである「天気」＝「風景」を、満を持して本格的に物語の主軸に据えたのも、そうした人物描写の希薄さと表裏の関係にあると理解できるでしょう。余談ながら、新海の次回作が「空」や「雲」を本格的に舞台にするものになりそうだという予感は、じつはぼくには以前からありました。というのも、３年前の『君の名は。』公開直後に、――確かLINELIVEでの映画公開記念イベントに新海が出演したさいだと思うのですが――、彼がそれに近いことを答えていたからです。ぼくも細部は記憶があいまいなのですが、そのときに新海は、司会の女性アナウンサーに早くも次回作の構想を問われていて、「かなとこ雲」（だったと思うのですが）という積乱雲の一種で横に広がった雲があって、そういう雲が舞台になるような物語を作ってみたいと答えていたのです。おそらくそのイメージは、上空を飛翔する陽菜の目の前に広がる、庭のように緑が生えた大きな雲として『天気の子』に活かされています。

ともあれ、デジタル時代のアニメーション作家である新海の創造性の内実を理解するときに、この風景＝天気（と今回の物語の主要な要素である雨＝水）のイメージはきわめて重要です。

かつて映画学者の加藤幹郎は、新海アニメーションのクラウドスケイプ（風景表象）について論じ、その生成変化する雲の動きの「可塑性」（かたちの変化）に着目したことがありましたが（「風景の実存」、『アニメーションの映画学』臨川書店所収）、以前、ぼくも新海について論じた拙稿（「彗星の流れる「風景」」、『ユリイカ』2016年9月号所収）で記したように、こうした雲や水の表現が象徴的に描き出す可塑性のイメージ――グニュグニュモコモコと動くかたち――とは、一方でアニメーションというメディウム、他方でデジタル映像というメディウムが備える特権的な特徴でもあります。たとえば、水の表現に関していえば、6月にリアルサウンド映画部に寄稿したコラム（「今夏アニメ映画の注目ポイントを一挙解説！」）でも書いたように、『Free!』（2013年〜）などの京都アニメーションの諸作品をはじめ、今年の夏アニメでも、『海獣の子供』（2019年）や『きみと、波にのれたら』（2019年）など、デジタル時代ならではの、さまざまな表現の実験や革新が試みられています（そういえば、『天気の子』で登場する魚のかたちをした雨滴も、宮崎駿『崖の上のポニョ』［2008年］の「水魚」を思わせました）。もちろん、新海自身、雨＝水の表現については、すでに『言の葉の庭』（2013年）で極限まで追求していました。

このように、『天気の子』のポストヒューマン性とは、まずは新海自身のキャリアを振り返ってみたときに、彼の創造性の根幹にあったキャラクター描写の希薄さに見出すことができます。さらに、なおかつそれは、あたかもそれと引き換えに全面化した、デジタル／アニメーション固有の特性を存分に表現するモティーフであり、また彼の作品の特権的なイメージを形作るクラウドスケイプ（天気＝風景）の表現とも表裏をなしているというわけです。

アントロポセンに向かう世界

いずれにせよ、以上に指摘してきた『天気の子』をめぐる表現上のポストヒューマン性は、いうまでもなく、他方で物語のうえのそれとも密接に連動しています。

それはもちろん、この作品が主題とする、異常気候の近未来世界にこそ典型的に示されているでしょう。『天気の子』が描く２０２０年代初頭の世界では、長期間にわたって大量の雨が降り続き、現在の街はその一部が水没してしまっています。思えば、新海は『君の名は。』でも三葉たち人類の日常世界を突如襲う巨大な災厄（ティアマト彗星の分裂落下）と「人間の死滅」を描いていましたが、ご存知のように、同様のディザスター映画は、国内外でこの十数年、連綿と描かれ続けているわけです。

こうした現象は、多くの論者がすでに論じ、またほかならぬ新海自身が述べている通り、明らかにぼくたちの現実世界で起こっているカタストロフ的な変化と関係しています。たとえば、それに作中で目配せを送っているのが、『天気の子』の終幕近く、帆高が眺める大学のパンフレットの誌面に記された「アントロポセン」なるキーワードですね。アントロポセン（Anthropoc ene）とは「人新世」と訳される、近年、地質学の分野で提起されている新しい概念です。それ以前、もっとも新しい地質時代区分は、最終氷期が終わった以降を指すホロシーン（完新世）でした。ですが現在、人類という生物種の活動は大量の汚染物質の蔓延、6度目の大量絶滅とまでいわれるほどの生物多様性の急激な破壊、そしてほかならぬ地球温暖化をはじめとする急激な気候変動など、地球に対して惑星規模の大域的な影響を与えるようになっており、現状では現在形成されつつある地層は、もはや完新世とは異なる痕跡を地球に永続的に残す可能性がきわめて高くなっています。それゆえに、人類の生存可能性も含め、人類による環境変動を地質学的に確定しようと、ぼくたち人類の生きている現在を指す地質年代として、2000年に大気化学者のポール・クルッツェンと生物学者のユージン・ストーマーによって提唱されたのが、アントロポセンなのです。

つまり、作中でも慎ましやかに登場するこのキーワードが暗示するように、『天気の子』の物語もまた、まさに「人間以後」という意味でのポストヒューマン性をテーマとしているのです。また、この意味で、人間ではない動物に、「アメ」（雨）という可塑的な流体で、なおかつアントロポセンに関係する気候変動を意味する名前をつけられた猫のキャラクターは、きわめて暗示的であるといえるでしょう（新海の作品が『彼女と彼女の猫』［2000年］『猫の集会』［2007年］『だれかのまなざし』［2013年］など、しばしば動物＝人間以外の存在の視線から語られているという経緯も含めて）。

あるいは、そうした世界観は、本作における――「美しい東京」や「豊かな日常」を描いた

『君の名は。』とはいかにも対照的な——「汚い（ダークな）東京」や「貧しい日常」の描写にも表れているかもしれません。グローバル資本のポジティヴな趨勢とみごとに同調した日本の風景（クール・ジャパン！）を鮮やかに切り取り、１６００円のパンケーキを放課後に頬張る、いわゆる「リア充化」した都会の高校生の主人公を描いた『君の名は。』に比較し、『天気の子』は一転、その行き詰まった負の側面を容赦なく描いている点でも強く印象に残ります。雨が降り注ぐ文字通り暗い東京の街は、雑居ビルの風俗店やラブホテル街、あるいはゴミ溜めの路地で溢れています。帆高はそんな街で、風俗のキャッチの男に殴られ、マンガ喫茶でカップラーメンをすすりながら、「Yahoo!知恵袋」でアルバイトの職を探すのです。

こうした『天気の子』の描く、今日のグローバル資本主義の八方塞がりの閉塞状況のイメージは、イギリスの批評家マーク・フィッシャーがいう「資本主義リアリズム」という言葉を想起させるものではないでしょうか。あるいは、かなり雑駁な印象を承知でいってみれば、それはフィッシャーも関わっており、２０１０年代に大きな注目を集めている「加速主義」（Accelerationism）と呼ばれる思想的動向とも重ねてみたくなる世界観です。加速主義とは、さしあたりグローバル資本主義への唯一の「抵抗」として、テクノロジーを駆使しながら、現在の資本主義のプロセスをより加速させることで資本主義それ自体の「外部」を目指すという「反動的」な立場を指します。ある論者はそれを「悪くなればなるほど、良くなる（the worse, the better）」と表現しているようですが、それはあたかもYahoo!知恵袋（というダークでいまや古風なテクノロジー）

に徹底的に依存することで、結果的に自己の未来へとイグジットしてしまう（「僕たちは、大丈夫だ」）『天気の子』の物語にも、どこかなぞらえられはしないでしょうか。そして、実際のところ、加速主義に詳しい文筆家の木澤佐登志も、まさに加速主義の「ポストヒューマン的」（あるいは「非人間的」）な性質に注意を促しています（『ニック・ランドと新反動主義』星海社新書を参照）。とはいえ、加速主義の中身については、ぼく自身はほとんど詳しくないので、これ以上深くは論じませんが。

現代アニメのポストヒューマン性

何にせよ、『天気の子』がさまざまな面で、今日のポストヒューマン的な表現や世界観に馴染んでいることは明らかなように思えます。そして、そのことはまさに現代のアニメーション表現が抱えている本質的な問題とも一脈通じるところがあるでしょう。

たとえば、批評家の石岡良治は最近刊行した新著で、『ぱにぽにだっしゅ！』（２００５年）に触れながら、「シャフト作品における物と情報のあり方は、人間以外の様々な事物が「群像劇」のエージェントとなる状況を作り上げてい」（『現代アニメ「超」講義』PLANETS、98頁）ると述べていますが、この指摘は、「人間以外の様々な事物」がかつてとは異なったあり方で人間と関わってくる様子が描かれるという点において、『天気の子』で示されたようなポストヒューマン的なリアリティとも共通する部分があります。あるいは、今日のアニメーション作品が従来のイメージの「人間」とはかけ離れた存在を描くようになっているのではないかという見立ては、アニメーション研究の土居伸彰も同様に提起しているものです（『21世紀のアニメーションがわかる本』）。土居によれば、現代のアニメーション表現には、「私」から「私たち」へとでも要約できるような表現上のパラダイムシフトが見られるといいます。いってみれば、ディズニーからスタジオジブリまで、かつての20世紀的なアニメーションが確固としたアイデンティティを備え、世界と対峙する「私」を描いていたのだとすれば、21世紀の近年になって現れたアニメーションの注目作は、おしなべて複数の「私」があいまいに入れ替え可能となり、匿名的に共存し合う他者性のない「私たち」を描いている。土居は、そうした新たなキャラクター像を「棒人間」や「ゾンビ」といった言葉でいいかえているのですが、これもまた紛れもなく通常の人間から逸脱したポストヒューマンの姿そのものだろうと思います。土居は、そうした――ここでの表現を使えば――ポストヒューマン的な存在の具体的な例を、『映画 聲の形』（２０１６年）や、まさに『君の名は。』に見出していたのであり、その文脈を踏まえても、『天気の子』がやはりそうしたパラダイムに沿って成立していることは一定の程度以上に確かなように感じられます。

以上、さまざまな観点から辿ってきましたが、『天気の子』は「人間以後」の秩序や主体像をはっきりと垣間見せてくれるアニメーションだといえるのではないでしょうか。

帆高の選択の「人間性」

……しかし、最後に、ここで立ち止まってみたいのです。

その理由は、ほかでもない、『天気の子』の、あのラストの（賛否両論の）帆高の決意の意味について考えるためです。率直にいえば、ぼくもあのラストにいたる流れは、少々強引で、自己愛的ではないかと思いました。しかし他方で、あの選択は、ポストヒューマン的な表現やモティーフをあちこちで描いてきたこのアニメーションのなかで、最後、逆にいまの時代における人間性のありようについて、あらためて観客に問いかけたシーンだとも思うのです。

繰り返すように、ぼくたちの生きる現代世界は、AIから異常気象まで、ある種の「人間性」からラディカルに逸脱し、遠ざかっていくような事態がいたるところで起こっています。ですが思えば、そうしたポストヒューマン的でしかありえない事態が起これば起こるほど、その反動のようにして、ぼくたちがやはりどうしようもなく人間であり、また人間として社会や文化を組織し、維持していかざるをえないことも否応なく自覚してしまいます。そしてまた、そうした自覚を求めてしまう状況がかつてなく広まっているともいえるでしょう。悩ましいのが、その場合、従来の人間的な倫理や道徳の根拠が疑われ出し、チャラになればなるほど、それらへの要求がいたるところで過剰に高まっているように見えることです。

たとえば、その典型的な例が、近年のハリウッド映画のあちこちで目にする、ポリティカル・

コレクトネスの表現でしょう。そこでは、女性やアフリカ系、性的マイノリティなど、多種多様な存在を公正に描くことが絶えず配慮されるようになっていますが、ここには、ポストヒューマン時代だからこその、人間主義の要求とでも呼べるような文化的感性が広がっています。あらゆる存在に「人間」としての公共性を付与しなければいけない――そうした現代ハリウッド映画の自意識は、一例を挙げるならば、まさに「人間以外の事物」＝おもちゃの「群像劇」である『トイ・ストーリー4』（2019年）の物語にも端的に表れていました。というのも、ピクサーのスタッフたちは今回、本来は持ち主の子ども＝人間を信頼し、彼らに従属するはずのモノ＝ノンヒューマン・エージェンシーであるおもちゃに、その結末で、彼らから離れ、いかにも人間的な主体性・自立性に目覚めるという選択をさせたのですから。そこでは、おもちゃすら人間的な自立や社会性（のようなもの）を与えられる。これは、いかにも現代の北米的なリアルをわかりやすく反映した表現です。

急いでつけ加えておきますが、当然ながら、あらゆる人間（や存在）に社会的公正を約束するこうした今日的な配慮は、それ自体徹底的に擁護されるべきものです。それはいうまでもありません。しかし同時に、ポスト・トランプの現実に生きているぼくたちは、そうした「人間性」の擁護が、ややもすると別の隘路に入り込んでしまうこともよく知っています。

そう考えたときに、今回、『天気の子』で新海が描いた、あの「独りよがり」にも映る結末は、本当の意味でポレミカルなものとして、ぼくたちに迫ってくるのではないでしょうか。たとえば、『天気の子』で帆高が取る選択は、『トイ・ストーリー4』のような今日のハリウッド映画が描くものとは真逆のものでしょう（おそらく、あの結末に納得できない観客の理由の多くにはそれが関係しています）。詳しく書くのは控えますが、そこで彼は、公共的な社会秩序や厚生（小説版の表現を借りれば「大勢のしあわせ」）よりもごくごく私的な、個人的な思い（感情）のほうを選ぶ。この帆高の決断（これをあえて「倫理」と呼んでもいいでしょう）は、昨今のハリウッドの描く公共的な人間主義に明らかに背をむけつつも、それでも、この現代において、きわめて「人間的」でありうることの可能性と限界を同時に示してもいると思います。この問題については、ぼく自身ももう少し考えてみたいと思っていますが、帆高（と新海）のいう「大丈夫」という言葉を、ひとまずはそのような複雑な含蓄をもって受け止めておきたい。

『天気の子』の「人間以後」は、同時に、ぼくたちが現代において、どこまで、あるいはいかにして「人間的」でありうるのかも問いかけているのです。

〈ショートアニメの台頭とスマホファースト化する視聴環境〉

ショートアニメーションの台頭

近年、「ショートアニメーション」の存在感が高まっているように見える。ここでいうショートアニメーションとは、たとえばアカデミー賞が規定する映画作品の「短編」の上限、「45分」よりもはるかに短い、数分から10数分のごく短いアニメーション作品のことだ。

8月24日には、東映アニメーションが、若手スタッフ発の新規企画プロジェクトの第1弾として、石谷恵監督による1分のショートアニメーション『ジュラしっく！』（2019年）を公開した。このほかにも、同じ東映アニメーションは、女児向け人気アニメ『おジャ魔女どれみ』放送開始20周年を記念した各2分ほどのショートアニメーション『おジャ魔女どれみ　お笑い劇場』（2019年）の配信を今年の3月から開始。あるいは、4月には、Netflixで各10分強のストップモーションアニメーション『リラックマとカオルさん』（2019年）の配信も始まり、話題を集めている。こうしたショートアニメーションの作品は、今後も数多く作られそうだ。

このコラムでは、こうした昨今のショートアニメーションの台頭の背景と今後のアニメに与える影響について簡単に考えてみたい。

2015年前後の変化

ひとつの目安に過ぎないが、おそらくこうした現在のショートアニメーションの趨勢のひとつの大きな始まりとなったのは、わたしの見るところ、だいたい2010年代なかばのことだと思われる。たとえばこの時期、テレビアニメでも3分枠の『てーきゅう』（2012〜2017年）、5分枠の『ちょぼらうにょぽみ劇場 - 新章 - 不思議なソメラちゃん』（2015年）、そして約8分の『ハッカドール THEあにめ〜しょん』（2015年）といったショートアニメーション（短編アニメ）が立て続けに放送された。あるいは、2014年11月には、ニコニコ動画を運営するドワンゴと庵野秀明のカラーの共同企画として、さまざまなクリエイターによるオリジナル短編アニメーションをウェブ配信する「日本アニメ（ーター）見本市」も始動する（2018年末で公開終了）。ここでは吉浦康裕、今石洋之、山本沙代、櫻木優平、沖浦啓之といったベテランから期待の若手までのアニメーター・監督から、作家の舞城王太郎などの異業種分野にいたるまで、多士済々の才能によるクオリティの高い短編が集まり、注目を集めた。

「スマホファースト」環境が変えたアニメ

では、こうしたショートアニメーションの台頭の背景には、いかなる要因があったのだろうか。

ただ、これはすでにいろいろ指摘されていることではあるが、そのひとつには、アニメファンの視聴環境の変化がある。たとえば、さきほどのショートアニメーションの多くの放送が始まった2015年には、日本でNetflixの配信がスタートしている。翌2016年末にはAmazonプライム・ビデオの配信も始まった。すでにウェブ環境にすっかり根づいていたYouTubeやニコ動といった動画共有サイトはもちろんのこと、Netflixやアマプラ、そしてアニメ専門のアニメ放題、dアニメストア、東映アニメオンデマンド、バンダイチャンネルといったサブスクリプション・サービスやネット配信サービスは、この時期、スマートフォンで気軽にアニメを観られる環境を当たり前のものにした。またそのことで、10~20代の若者を中心に、アニメ視聴の裾野を一気に広げていった。こうしたメディア環境の変化は、そこで作られ、鑑賞されるコンテンツのあり方にも必然的に大きな影響を与えることになる。

こうした文脈から、なかでも現在にいたるショートアニメーションの注目作として、しばしば言及されるのが、まさにNetflixが上陸した2015年から、YouTubeのみの独占配信タイトルとして制作され、無料配信された『モンスターストライク』（２０１５年〜）である。『モンスト』は、もともとはｍｉｘｉが運営するスマートフォンアプリゲームの世界的な人気タイトルであり、そのアニメ版である本作もｍｉｘｉが単独出資で制作している。さて、この『モンスト』アニメの大きな特徴もまた、1話の尺が約7、8分という、通常のテレビアニメに比較したさいの極端な短さである。通常の30分テレビシリーズ枠の本編がだいたい22〜23分くらいなので、およそ3分の1の分量だ。

『誰がこれからのアニメをつくるのか？』（星海社新書）で数土直志が紹介するところによれば、本作のプロデューサーであるウルトラスーパーピクチャーズの平澤直はその理由を、やはりYouTubeという新しい映像プラットフォームの条件と絡めて説明している。つまり、YouTubeにアップロードされている動画のうち、それらの平均的な視聴時間が10分以内に収まっているというのである。

また、これを裏側から補完する話もある。ある調査によれば、いまの子どもが集中して映像を鑑賞するのに耐えられる時間が、なんとこの『モンスト』と同じ7分ほどなのだそうだ！嘘だと思うかもしれないが、実際あるとき、勤めている大学で、ひとりの学生が「映画の『ハリー・ポッター』を「金ロー」で見始めたけど、15分くらいで話がわからなくなって飽きちゃって寝た」と友人に話しているのが聞こえてきて、わたしも愕然とした経験がある。このことは、『モンスト』はもちろん、日本アニメ（ーター）見本市から『リラックマとカオルさん』にいたるまで、いまの多くのショートアニメーションが何らかのかたちでモバイル端末やウェブアプリと紐づいていることからもうかがわれるだろう。『ジュラしっく！』にもキャラクターがスマホやSNSをいじる様子がしっかりと描きこまれている。

すなわち、現在のショートアニメーションの台頭は、いわば若い世代の「スマホファースト」というメディア慣習に最適化した結果なのだ。

ショートアニメーションが変えるアニメのかたち

ともあれ、こうした状況のなかで生み出されるアニメーションは、その内容にも大きな変化が表れるだろう。そこで、その考えられるゆくえを、最後に4つの視点から述べてみよう。

まずいえるのは、――これはショートアニメーションだけの問題ではないが――「物語」の作り込みや視聴者のリテラシーの低下だ。いうまでもなくショートアニメーションでは、劇場用長編やテレビアニメシリーズのように、多くの伏線を張りながら起伏をつけてダイナミックに物語を描いていくタイプの作品は作りづらい。また、さきほど述べたように、それについていけるだけの視聴者もどうやら減っていきつつある。したがってそこでは、『ハッカドール』のような微エロをまぶしたシュールなパロディものか、『おジャ魔女どれみ　お笑い劇場』のようなギャグもの、『リラックマとカオルさん』のようなゆるいほのぼのストーリーがどんどん増えていくことになるだろう。しかし、これはいわゆる日常系アニメやアイドルアニメなど、近年、ほかのジャンルのアニメでも起こっている全体的な変化に近い。

また、こういったショートアニメーションとは、もともとはいわゆる商業的な「アニメ」ではなく、非商業的でアートの文脈とも結びついた個人制作のアニメーションに多いスタイルだった。これもデジタル化の影響が大きいが、土居伸彰などが注目しているように（『21世紀のアニメーションがわかる本』フィルムアート社）、現代のアニメーションではかつてかなりはっきり違うものだと区分けされていた集団制作による商業的なアニメと個人制作による非商業的なアニメが最近急速に接近し、人形や砂を使ったストップモーションやシネカリグラフィなど、以前は非商業的なアニメでしか使われていなかったような表現技法が商業的なアニメでも見られるようになっている。たとえば、『リラックマとカオルさん』などもそういった作品に含まれるだろう。その意味で、ショートアニメーション的なものの台頭は、これまで以上に多種多様な表現が多くのひとの目に触れるアニメ作品で見られるようになるきっかけになるかもしれない。

3つ目だが、ひるがえってショートアニメーションがアニメのひとつのスタンダードになる世界においては、これまで作られてきたアニメも新たに「リサイクル」できる可能性もある。以前、氷川竜介が『モンスト』アニメの話も出しつつ、面白いことを指摘していた（「2016年は、日本のアニメーションにとって歴史に残るべき大変な年になった」、『熱風』2017年2月号所収）。いまのウェブ発のショートアニメーションはだいたい7分前後の尺になっているが、これを3本束ねると21分で通常のテレビアニメの本編枠とぴったり重なるのである。思えば、『サザエさん』（1969年〜）や『オバケのQ太郎』（1965〜67年）など、1960年代のテレビアニメ（テレビまんが）は3本立てが多かったことも踏まえれば、旧作の30分枠テレビアニメ作品も、スマホ用に分割アレンジして若い世代に楽しんでもらえる可能性もあるのではないか。――この氷川の提言は、スマホファーストのショートアニメ世代に、かつてのアニメをどのように受け渡していくかという問題において、非常に重要な示唆となっているだろう。

そして最後に、こうした変化に、いち早く敏感に反応していたアニメーション作家の創作からヒントを得てみよう。現在、最新作『天気の子』（2019年）が興行収入110億円を超える大ヒットを記録している新海誠である。知られているように、新海は長編の作家というよりも、出世作となった25分の『ほしのこえ』（2002年）や3本の短編のオムニバス『秒速5センチメートル』（2007年）など、もともと短編的なセンスの強いアニメ作家だった。そんな彼がまさに2010年代なかばの2013年に作ったのが、46分の『言の葉の庭』だった。『言の葉の庭』は、新海自身がデジタルコンポジットを駆使して日本のアニメーションに導入したフォトリアルな風景表現が極限まで高精細に表現された意欲作だったが、じつはその演出意図を、彼は以下のように語っている。

当時はちょうどiPhoneやiPadなどデジタルの液晶デバイスが普及し始めて、観客の視聴環境の変化を感じていました。映画館のスクリーンではなくデジタルの小さな画面で観ることを前提にした、高解像度の精細な映像表現をしてみたいと思ったんです。[…]劇場公開初日からiTunesでの配信も行いましたね。(インタビュー「観客との対話と共同作業で歩んできた」、『新海誠展』公式図録所収)

すなわち、『言の葉の庭』のハイレゾリューションな描写と尺の短さもまた、スマホファーストになりつつあったメディア環境に対する、作家の側からの鋭敏なリアクションだったのだ。だとすればこうした方向性も、今後のショートアニメーションのひとつの魅力となっていくだろう。

「テレビ」や「スクリーン」といった古い軛《くびき》から解き放たれたアニメが新たに獲得した、「ショートアニメーション」というかたち。ここからまた、まだ見たことのない新しい作品が生まれてくることを期待したい。

〈映画『鬼滅の刃』大ヒットの〝わからなさ〟——21世紀映画のヒットの条件〉

映画『鬼滅』大ヒットの「わからなさ」

10月16日公開のアニメーション映画『劇場版 鬼滅の刃 無限列車編』（2020年）がもはや社会現象と呼べるほどの記録的大ヒットとなっている。公開3日間での興行収入は史上最高の46億円を突破した。この勢いは、4年前に興行収入250億3000万円を記録し邦画歴代2位のヒットとなった新海誠監督『君の名は。』（2016年）、さらにはもしかすると、19年間破られていない日本映画史上最高の興行収入308億円という宮崎駿監督『千と千尋の神隠し』（2001年）の持つバケモノ級の記録を抜くことも不可能ではなくなってきている。この先も、テレビ、劇場用映画両方でのアニメ化続編や舞台、スマホゲームといったメディアミックス展開を考慮すると、おそらく本作が2020年代前半を代表する一大コンテンツのひとつに成長していくことは間違いないだろう。

『鬼滅の刃』や今回の劇場版『無限列車編』が、いったいなぜここまでの大ヒットにいたったのか。ぼくは映画批評やアニメ論を専門としているが、それでもその理由は「わからない」というのが率直なところだ。

もちろん、ぼくもこれまでにさまざまな視点から書かれてきた無数の分析やレビューに目を通してきた。それらからはそれぞれに示唆を受けたし、吾峠呼世晴の原作マンガとufotable制作によるアニメの細部に注目した読みには説得させられたが、それでもどこか決定的な解答というには欠けるものがある気がした。いいかえると、どの分析や解釈も、どこかこの作品の表面をツルツルと上滑りしているように思えたのだ。もちろん、別に『鬼滅』にかかわらず、メガヒット作品のヒットの理由に決定的な答えなどあるわけがない。それはいつも、複数の要因が複雑に絡み合って生まれるものだろう。だが、それでもぼくには『鬼滅』に感じる、この独特の言葉が「ツルツルと上滑りする」感触が気になった。

このコラムでは、今回の映画『鬼滅』の大ヒット発進の理由が、なぜ「わからない」のか、その「わからなさ」の理由を考えてみたい。

作品自体はジャンプマンガの「優等生」

そもそもぼくの眼から見た『鬼滅の刃』の感想は、率直にいえば「ジャンプマンガの王道のウェルメイドなパッチワーク」というものである。

もちろん、決してつまらない作品ではない。むしろ唸るほど非常によくできている。しかし、物語の設定やキャラクターのデザイン、あるいは名称や作画のディテールは、以前に『週刊少年ジャンプ』の名作のどこかで見た記憶のあるような要素が多い（実際、これが「王道」という世間的な評価にも繋がっているだろう）。一例を挙げれば、「十二鬼月」という名称、あるいは鬼殺隊の「柱」と「十二鬼月」という対立構図にせよ、さほど『ジャンプ』を熱心に読んできた覚えのないぼくでさえ、和月伸宏『るろうに剣心－明治剣客浪漫譚－』（1994〜1999年）の剣心一派と「十本刀」、藤崎竜『封神演義』（1996〜2000年）の「崑崙十二仙」と「十天君」、そして久保帯人『BLEACH』（2001〜2016年）の「護廷十三隊」と「十刃」……などなどのテンプレ化した同種の無数の先行例が脳裏に浮かんでくるのを払拭することは難しい（単純に、ぼくが齢をとったというわけなのだが……）。とりわけ『るろ剣』をわりと愛読していたぼくとしては、蟲柱の胡蝶しのぶは天剣の瀬田宗次郎、岩柱の悲鳴嶼行冥は明王の悠久山安慈を髣髴とさせるところがある（私見では、和風の舞台設定にアメコミを思わせるデザインのキャラクター配置という点でも『鬼滅』は『るろ剣』とよく似ている）。ぼくの周囲にも、同様の感想を持つ者はじつは少なくない。

ここ十数年の『ジャンプ』のヒット作が『DEATH NOTE』（2003〜2006年）から『銀魂』（2004〜2018年）まで、1980〜90年代の『ジャンプ』黄金期の王道名作から逸れたテイストのヒット作が続いていたことを踏まえれば、『鬼滅』の「王道感」溢れる世界観と物語展開が、むしろ現在の小中学生の眼に新鮮に映るだろうことはわからなくはないし、また、同じ『ジャンプ』系列作品のほかのテレビアニメと比較したとき、（すでに『鬼滅』ヒットの分析として語り尽くされた感があるように）ufotableによるダイナミックかつ精細な作画表現が相対的に高評価の要因となったことも容易に想像がつく。また、この記事（劇場版『鬼滅の刃』〝予備知識ゼロ〟の人と観て分かった「大ヒットの真のすごさ」、現在は削除されている）のように、今回の劇場アニメは物語についての説明が作中ではなされないにもかかわらず予備知識がまったくない観客にも十分訴求できており、だからこそこれだけのヒットに繋がっているわけだが、逆にいえば、やはりそれは物語の構造やテーマが「テンプレ」（定型）をなぞっており、初見者でもパッと作品世界の枠組みに入り込みやすくなっていたということでもあるだろう。しかしだとしても、今回の『鬼滅』が――しかも映画は、物語のなかの一エピソードにすぎないのである！――ここまでの記録的大ヒットに結びつく理由にもならないだろう。

「SNS化」＝投機化する映画興行との関係性

ともあれここでは、原作マンガやテレビアニメのヒットの問題は差し置いて（それについてはすでに多くが語られているので）、さしあたり今回の『鬼滅』の映画興行について考えてみたい。

ぼくがここ1週間ほどの『鬼滅』の常識破りの興行的快進撃を眺めていてあらためて思い出

したのは、過去のやはり同じような2本の映画の大ヒットぶりである。ひとつは、2014年の日本国内でのディズニーアニメ『アナと雪の女王』（2013年）の大ヒットであり、もうひとつは、2019年の『アベンジャーズ／エンドゲーム』の世界的な大ヒットである。『アナ雪』が日本で大ヒットしていた当時、ぼくは別稿でこのアニメ映画の空前の大ヒットについて、かつての『千と千尋』や『タイタニック』（1997年）のときとはまったく異なった構造の、映画興行のプロモーションやコンテンツの消費モデルが成り立っていたと指摘したことがある。ひとことでまとめれば、それは現代の映画のヒットの構造の仕組みが、SNSの情報消費のモデルと一体化してきたことにそのヒット要因が求められるというものだ。

『アナ雪』にせよ、あるいはその後の『君の名は。』や『シン・ゴジラ』（2016年）、『カメラを止めるな！』（2018年）にせよ、それらの映画ではいちように、動画サイトやSNSに、関連するネタや二次創作的なコンテンツが自生的に増殖し、それらの口コミや関連動画などが指先ひとつで脊髄反射的に次々と拡散していくことで、従来の映画興行ではありえないほどのきわめて短期間のスパンで爆発的な動員を可能にする（と同時に、一定の時期が過ぎれば一挙に終息していく）というプロセスをたどった。その意味で、当時のぼくは「いってしまえば、この『アナ雪』という作品は、構造自体が、きわめて「ニコ動的」なのである」（拙稿「イメージのヴァイタリズム」、『すばる』2014年2月号所収）と記した。ぼくは2010年代の映画興行に起こったこうした新たな事態を、「文化消費の「ニコ動ランキング化」ないし「pixivランキング化」」（「液状化するスクリーンと観客」、『スクリーン・スタディーズ』東京大学出版会、２０１９年所収）とも呼んだ。そして、国内映画興行におけるこうした現象は、いうまでもなく昨年の『アベンジャーズ／エンドゲーム』においても正確に反復されていただろう。『アベンジャーズ／エンドゲーム』は、瞬く間に全世界で約28億ドルの興行収入を稼ぎ出し、巨匠ジェームズ・キャメロンの『アバター』（２００９年）を抜いて世界歴代興行収入ランキングの1位に駆け上がった（２０２１年現在は2位）。

ところで、まさにいま、このコラムを書いている瞬間にもぼくのふだん過疎りまくっているTwitterは、『鬼滅』についてつぶやいた何気ないツイートが、とくに意味もなくプチバズっている。急速に「リアルタイムウェブ化」し「SNSのトレンドランキング化」している現代の映画興行の構造も、まさにこのTwitterの「バズり」（アテンション）と同じだ。それは文字通り脊髄反射的で情動的、そして投機的（speculative）なのであり、その背後にじつはさしたる意味＝「深さ」はない。今回の『鬼滅』の大ヒットもまた、こういってしまうと本当に身もふたもなくなるが、おそらくはそうしたものなのだ。

フラット化するメガヒットの構造

いずれにせよ、20世紀末の大ヒット映画、たとえば『ジュラシック・パーク』（１９９３年）や『タイタニック』、そして（これは厳密には21世紀の映画だが）『千と千尋』などと、ＳＮＳ登場以降の

21世紀の映画、たとえば『アナ雪』や『アベンジャーズ／エンドゲーム』、そして『鬼滅』との決定的な違いは、おそらくはこのあたりにあると思う。

スピルバーグや宮崎駿には、替えがたい大文字の作家的個性があり、それがどこか彼らの興行的な成功とも必然的に結びついていた。少なくとも、批評家を含む多くの観客の側にはそのように信じられる余地があった。したがって、作家・作品を批評することとその興行的な成功の理由（意味）とを重ねあわせて考えることがなんとなく自然に繋がる感触があった（たとえば、『千と千尋』で宮崎が「カオナシ」に込めた意図から時代の要請を解釈してヒットの構造を説明するなど）。いいかえれば、かつてだったら作品にヒットの理由（解釈）を読み込みうるような意味の「起伏」が存在した。しかし、『アナ雪』や『アベンジャーズ』、そして『鬼滅』にはそのような解釈のフックを見つけることは格段に難しくなっている。作品の表面はのっぺりとしていて、ふわふわと掴みどころがない。

むろん、かつての映画批評や文芸批評の手つきを動員して、映画『鬼滅』の大ヒットの時代的な「意味」について論じてみることはできるだろう。たとえば……奇しくも平成から令和への元号の端境期と作品世界との連動に注目してみるのはどうか。テレビアニメ第4話「最終選別」での手鬼の改元についての台詞がちょうど現実の改元のタイミングと重なって話題になったことは知られているが、他方で、『鬼滅』は大正時代を舞台にした鬼が登場する「偽史」として、一種の「伝奇ロマン」の趣向も含んでいる。実際に近代日本の大衆的な伝奇小説はまさにその大正期に華開いたのだった。またその後、伝奇ロマンは昭和末期の1980年代にふたたび一大ブームを迎えるが、その旗手のひとりでもあった笠井潔がかつて『空の境界』(2001年)をめぐって論じたように(「偽史の想像力と「リアル」の変容」、『探偵小説は「セカイ」と遭遇した』南雲堂所収)、そのジャンルは天皇制との時代的な緊張関係(改元!)のうちに書かれ、読まれていたといえる。つまり、新たな近代伝奇の起源の時代(大正)を舞台にし、21世紀に現代的な伝奇ロマンとして描かれた『鬼滅』がまさにこの令和への改元の時期に大きな支持をえたのは必然だったのだ……うんぬんというように。しかし、そうした作品の読み=意味づけは、もはや『鬼滅』という作品の持つ「リアリティ」=ヒットを何も支えていないだろう。

そもそも『アベンジャーズ/エンドゲーム』も『劇場版 鬼滅の刃 無限列車編』も、先ほども触れたように、単体で簡潔した作品ではなく、長大な物語の一エピソードというパッケージが、そののっぺりとした感じを如実に象徴している。それらは最終的には、ヒットしたからヒットしたのだ、としか言えないようなトートロジー的な回路に絡みとられている。いや、言い方を代えれば、今日のメガヒット作品の条件とは、むしろそうした過剰な「意味づけ」(深さ)こそを受け付けない、あらゆる「投機」のチャンスに開かれた「フラットさ」が求められるとさえいえるだろう。数あるジャンプマンガの定型(王道)をほどよく折衷し、昇華した『鬼滅』はじつはそのフラットさにぴったり適合しているのだ。付け加えれば、『鬼滅』のはらむそうしたフラットさは、今回の劇場アニメでいえば、作中で、本来抑圧されて見えないはずの炭治郎や煉獄らキャラクターの「無意識領域」がこれまたのっぺりと視覚化（表層に露呈）されてしまう表現に図らずも具現化されているようにぼくには見えた（という解釈もまた上滑っていくのだが……）。

映画『鬼滅』がこの先、興行ランキングをどこまで駆け上がっていくか、わからない。そして、『鬼滅』がなぜこれほどまでの爆発的な大ヒットとなったのか、結局のところはぼくには「わからない」し、その問いに意味があるのかも「わからない」。ただ、21世紀カルチャーのヒットの動向を俯瞰したとき、その「わからなさ」がひるがえって『鬼滅』ヒットの重要な部分を担っていることは確かなように思える。

〈映画『鬼滅の刃』に見る「妹の力」〉

『鬼滅』から見る国内歴代興行収入上位作品

10月の劇場公開から国内外のジャーナリズムや批評は、まさに『鬼滅の刃』一色である。ufotable制作による外崎春雄監督のアニメ映画『劇場版 鬼滅の刃 無限列車編』（2020年）は、この原稿を執筆時点の公開52日間で興行収入約288億5000万円に達し、国内映画史上歴代1位の記録を保持する宮崎駿監督『千と千尋の神隠し』（2001年）を超えるのも時間の問題となってきた。この『鬼滅の刃』大ヒットの理由や背景については、すでにいたるところで膨大な記事が書かれているし、実際にぼく自身も、このリアルサウンド映画部で映画の公開直後に書いている。

そこでこの小さなコラムでは、映画『鬼滅の刃』を軸に、現在の国内の映画興行収入ランキング上位の作品をあらためて俯瞰したときに、その個々の作品世界やテーマを貫いていかなる

「傾向」が見えてくるのかを考えてみたい。とはいえ、ここでいう共通の「傾向」というのは、マーケティング的な「ヒットの要因」というよりも（ぼく自身はそういった記事はいささか食傷気味だ）、もっと作品批評的な視点から読み取れる想像力のまとまりのことである。

ひとまず最初に確認しておくと、日本の現在の歴代興行収入ランキングの上位は、以下の通りになっている。まず第1位は、さきほども触れたように、宮崎駿監督の『千と千尋の神隠し』で約308億円。第2位は、もちろん映画『鬼滅の刃』で約288億円。第3位は、ジェームズ・キャメロン監督の『タイタニック』（1997年）で約262億円。続く第4位はクリス・バックとジェニファー・リーの共同監督『アナと雪の女王』（2013年）の約255億円。そして第5位が、新海誠監督『君の名は。』（2016年）の約250億円、という順だ。上位5作品のうち、唯一の90年代（20世紀）作品である『タイタニック』を除くとすべてアニメーション映画であり、また、5作品中3作品が2010年代の映画であるなど、切り口によってこの並びからはさまざまな解釈を引き出すことができるはずだ。では、『鬼滅』を軸に見てみるとどうなるか。

竈門禰豆子に見る大正時代の「妹の力」

さて、その点でぼくが注目してみたいのは、『鬼滅の刃』で物語展開の主要な役割を担っているキャラクター、「竈門禰豆子」の存在である。

よく知られる通り、禰豆子は本作の主人公・竈門炭治郎の妹であり、物語の冒頭、彼が炭焼きを営む家を留守中に鬼の襲来を受けた家族のなかで、唯一生き残った肉親でもある。そして、傷口から鬼舞辻無惨の血が混入したことで鬼化してしまったが、わずかに元の人間としての意識や情愛も残しており、炭治郎に守られながら、ときに鬼との戦いで彼を救うこともある。

ところで、さきほども触れた『鬼滅』ヒットについて論じた過去の拙稿のなかで、ぼくは、一種の「伝奇ロマン」ともカテゴライズできる本作が作中で明治から大正への改元に言及している事実に注目し、このジャンルの隆盛が１９８０年代（昭和から平成への改元）、そして現代（平成から令和への改元）と反復しながら確認できるという符合を短く指摘した。たとえば、こうした点からさらに敷衍してみると、『鬼滅』におけるこの兄妹、ひいては「鬼化＝ノンヒューマン化した妹」というモティーフは、大正時代を舞台にしたこの作品の物語にとって、また別の側面からも興味深い意味を持っているといえる。というのも、ほかならぬこの大正時代に、この妹の持つ不可思議な力に注目した有名な文章が記されたからだ。

それが、日本民俗学の始祖として有名な柳田國男が、奇しくもいまからほぼ１００年前の１９２５年、つまり大正14年10月――ちなみに昭和への改元へもそれからわずか1年あまり――に『婦人公論』誌上で発表したごく短いエッセイ、「妹《いも》の力」である。

この文章は、柳田が大正初期から長らく取り組んできた一連のシャーマニズム（巫術）研究、とりわけ「巫女考」（1913〜1914年）に代表される巫女研究の系譜に連なるものだ。柳田が説明するところによれば、「祭祀祈禱の宗教上の行為は、もと肝要なる部分がことごとく婦人の管轄であった。巫はこの民族にあっては原則として女性であった」（「妹の力」、『妹の力』角川ソフィア文庫版、23頁）。そして、『古事記』や『万葉集』以来、「家」にあってときに母にも妻にも妾にも転化しうる存在としての「妹《いも》」こそ、霊的な呪術を司る特権的な女性であるとされてきた。柳田はいう。「家々の祖先の霊、または住地と縁故の深い天然の諸精霊のごときは、かりにこれを避け退ける方法があっても無情にこれを駆逐するに忍びなかった。いわんや人と彼らとの間に立って、斡旋し通訳するの任務が、主として細心柔情にしてよく父兄を動かすに力ある婦人の手にあったのである」（同前、31〜32頁）。

さらに奇しくもこの「妹の力」で柳田は、「古風なる妹の力」の一例として、東北の富裕な旧家の発狂した6人兄妹の末の13歳の妹が、「向こうからくる旅人を、妹が鬼だというと、兄たちの目にもすぐに鬼に見えた」（26頁）という逸話を紹介している（ちなみに、禰豆子の年齢も12〜14歳という設定）。

鬼としての妹

あるいは、書名通り、「鬼」をめぐる基本文献のひとつといってよいだろう歌人の馬場あき子による古典的名著『鬼の研究』（1971年）の冒頭でも、「鬼と女とは人に見えぬぞよき」という『堤中納言物語』の一節が引かれ、古来からの「般若」を含めた鬼と女性との親近性が強調される（蛇足ながら、この一節が登場する「虫めづる姫君」は、宮崎駿の『風の谷のナウシカ』（1984年）のモティーフのひとつとしても有名だ）。そして、この場合の女というのも、続けて馬場が『大和物語』のなかの平兼盛の歌「みちのくの安達が原の黒塚に鬼こもれりと聞くはまことか」に触れ、兼盛が鬼と喩えた源重之の妹たちに言及するように、やはり妹という存在なのだ。

　ともあれ以上のように、大正時代を舞台にして、鬼という超常的な存在（ノンヒューマン）と化した「妹の力」を物語の軸のひとつに立てた伝奇ロマンである『鬼滅の刃』は、まさにその大正時代の一角で古代信仰とも結びつけられながら注目されていた「妹の力」の議論と100年の隔たりを超えて図らずも共鳴していたということができる。

　しかも、このエッセイで柳田自身が示唆するように、彼の「妹の力」論が当時の婦人解放思想の台頭とも連動していたとするなら、これもまた、『鬼滅』ブームと同時期に一連の「#me too」ムーブメントが起こってきた昨今の風景とも重ね合わせられるだろう。もちろん、評論家の大塚英志が「妹の力」も参照しながら鋭く注意を促すように、当時の「妹」をめぐる言説が、「「妹」と人間のプリミティブなあり方を結びつける思考が、一見、言文一致体と言う「私」語りの言説を啓蒙される「妹」たちへの視線に一方的に含まれて」おり、「そのような思想の背景には「文明」「西欧」「近代」としての「男」との対比として「妹」が設定されていることを忘れてはならない。［…］これに習えば「兄」たちを支配する巫女としてのプリミティブな力を持つ「野蛮人」の女を「文明」「近代」の側にいる「兄」たちが「言文一致」体によって教化したのが「妹」だ、といえる」（『「妹」の運命——萌える近代文学者たち』思潮社、50頁）ことも、また確かではあるだろう。

歴代の大ヒット映画に宿る「妹の力」？

何にせよ、『鬼滅の刃』には、民俗学的／シャーマニスティックな「妹の力」が思いの外深く関わっている。

では、ここでひるがえってその劇場アニメ版がまさに歴代1位を獲得しようとしているこの国の映画興行収入ランキングを一瞥してみよう。——すると、不意に気づくのが、その少なからぬ数の上位作品が、まさにこの「妹の力」を重要な要素としていることなのだ。

まず、もっともわかりやすい例は、なんといっても歴代5位・邦画3位の『君の名は。』だろう。本作でもまた、柳田が注目した「巫女」がヒロイン・宮水三葉の家に代々伝わる仕事として描かれている（しかも、三葉の実際の妹・四葉も巫女として登場する！）。そして、シャーマニズムにも通じるアニミズム信仰という要素は、ほかならぬ宮崎の『千と千尋』でも「八百万の神々」として描かれていた。「家々の祖先の霊、または住地と縁故の深い天然の諸精霊」と交流し、「いわんや人と彼らとの間に立って、斡旋し通訳するの任務」を負う点において、千＝千尋もまた一種のシャーマン的な存在だといってよい。

さらにいえば、宮崎の場合、国内興収歴代8位（約193億円）の『もののけ姫』（1997年）もこの図式にわりときれいに当てはまるだろう。そもそも本作の主人公であり、タタリ神の死の呪いを腕に刻まれたことで人間でありながら超常的な力を操ることができるようになるアシタカは、禰豆子を思わせる部分がある。そして、このアシタカには彼の暮らすエミシの村にいるカヤという娘が許嫁としているが、彼女はしきたりからアシタカのことを「兄様」と呼ぶ。また、この村にはヒイ様という老婆の巫女がおり、アシタカはこのヒイ様の命（占い）で西へと旅立つのだ。その意味で、じつは『もののけ姫』の物語のそこここにも『鬼滅』的な「妹＝巫女の力」が充満しているといえる。

これに加えて、こうした巫女的な超常能力を操る女性ヒロインと「妹の力」という要素で見ると、ハリウッド映画という点で厳密には文脈は違えど、まさにそれは『アナと雪の女王』のエルサとアナの姉妹にも共通しているのだ！

『千と千尋』、『アナ雪』、『君の名は。』、『もののけ姫』……日本映画史に燦然と輝く大ヒット映画の数々には、じつは柳田が注目したシャーマン的な「妹の力」が密かに宿っているのではないか。これはいささか突飛な仮説ではあるが、しかしそれは確かにいかにも「日本的」な感性ではあると思う。『鬼滅』の禰豆子の存在は、そのことを浮かび上がらせているようにも思える。

第3章　スタジオジブリとその周辺

第3章は、スタジオジブリに関するエッセイとコラムを収録した。ジブリについてはこれまでにもいくつか原稿を書いてきているが、直撃世代ということもあり、『新世紀エヴァンゲリオン』とともに個人的に強い思い入れのあるコンテンツのひとつ。いずれ、まとまったジブリ本を書いてみたいとも思っている。

〈朝ドラ『なつぞら』から女性と仕事の今昔を考える〉

「お仕事ドラマ」としての『なつぞら』

コラムニストの海原かみなさんが最近、『日刊ゲンダイ』誌上のコラム「「偽装不倫」も失速中…恋愛ドラマはなぜ視聴率を稼げなくなったのか」（現在、ネットの記事は削除済み）で、昨今のテレビドラマに見られる変化についてわかりやすくまとめています。コラムのタイトル通り、いまや恋愛ドラマ（トレンディもの）が「絶滅寸前」なまでに不振だというのです。ここ数年、平均視聴率10％をクリアした恋愛ドラマはほとんどなく、現在放送中のものも杏主演の『偽装不倫』（２０１９年）含め、軒並み苦戦しているらしい。人気ドラマといえば、１９９０年代の「月9」に象徴される美男美女が主演の王道恋愛ドラマというイメージがまだまだ根強いぼくのようなアラフォー世代から見ると、まさに隔世の感という感じです。

ともあれ、それに代わって、現在の人気ドラマの要素として海原さんが挙げる、「悪いヤツが最後にヘコまされてスカッとする」、「見逃してもついていける1話完結もの」、「コミカルな笑いがある」という要素に並んでいるのが、「女性のお仕事ストーリー」です。なるほど、確かにいまのテレビドラマの中心視聴者層である30～50代の独身、あるいは子育て・共働き世代の女性たちにとって、もっとも共感できる「お仕事ドラマ」にヒット作・話題作が増えているように思います。あるいは、子育て支援や「働き方改革」をめぐる日本社会の現状も、こうしたトレンドに確実に影響を与えているでしょう。

さて、大森寿美男さんの脚本によるＮＨＫ朝の連続テレビ小説の記念すべき第１００作『なつぞら』（２０１９年）もまた、そんな「お仕事ドラマ」のひとつとして、さしあたりはこうした昨今の人気ドラマのトレンドに連なっているといえるでしょう（まあ、「朝ドラ」自体だいたいいつもそういうものではありますが）。『なつぞら』はこのサイトのレビュー記事でもお馴染みですが、北海道・十勝でたくましく育てられた戦災孤児の少女・奥原なつが、昭和30年代、戦後日本のアニメ業界でアニメーターとして活躍していく姿を描く物語です。また、広瀬すずさんが演じているヒロインの奥原なつの設定には、よく似た実在の人物がいるとも考えられています。このドラマのアニメーション時代考証を担当している小田部羊一さんの亡妻であり、日本の女性アニメーターの草分け的存在として、草創期の東映動画（現在の東映アニメーション）で数々の名作を手掛けた奥山玲子（1936-2007）というひとです。

それに伴い、なつ以外の『なつぞら』の物語のディテールや登場キャラクターにも、モデルと思われるようなひとたちがいます。それにかんしては、大山くまおさんによるコラム「『なつぞら』東洋動画のモデルとなる人々は？　日本の「漫画映画」の礎築いた東映動画のレジェンド」（https://realsound.jp/movie/2019/06/post-360049.html）などが簡にして要を得た情報をまとめていますので、ご覧ください。

このコラムでは、そんな「女性のお仕事ドラマ」としての『なつぞら』の現代性の一端を、ドラマのモティーフとなっているだろう東映動画の史実とも重ねあわせながら紹介してみたいと思います。

「出産・育児と仕事の両立」という現代的ジレンマ

そんな『なつぞら』ですが、目下展開されているのが、なつの「出産・育児と仕事の両立」をめぐるエピソードです。職場である東洋動画スタジオで出会い、最初は反発しながらもともに作品を作りあげていくうち、いつしかたがいに惹かれあっていったなつと演出部の「いっきゅうさん」こと坂場一久(中川大志)は、晴れて第114回で結婚します。なつにプロポーズした最中に製作していた監督映画『神をつかんだ少年クリフ』の興行的不振の責任を取り、東洋動画を辞職した坂場は新居で家事労働を一手に担う一方、妻のなつはベテランアニメーターとして、引き続き新興ジャンルのテレビまんが(テレビアニメ)の現場で奮闘します。

そのうちに、ついに第119回でなつのお腹に新しい命が芽生えます。なつのおめでたに夫の坂場も大喜びするとともに、仕事を辞めたくないと悩むなつに、主夫である自分が一緒に家事育児を率先してやると宣言します。そして、「仕事を続けたいなら、好きなだけ続ければいい。それで会社がその後の君の仕事を認めれば、つぎからはほかの女性も働きやすくなるだろう。子どもを育てながら、アニメーターを続ければ、そういう戦いにもなるんだよ。君がその道を作るんだよ」と説得します。

そこに、第121回で東洋動画を退職した先輩アニメーターの「マコさん」こと大沢麻子(貫地谷しほり)が新しく設立したアニメ制作会社に坂場を誘いに訪ねてきます。内心では漫画映画作りへの情熱を燃やし続ける坂場ですが、悩んだ挙句、マコさんの会社でもう一度、漫画映画を作りたい、ただ少なくとも1年は待ってもらって、そのあいだは子育てに専念すると、なつに打ち明けるのです。

生まれてくる子どもをだれよりも愛情深く育てたい、でも、自分の生きがいでもある大好きな仕事もずっと続けていきたい――こうしたなつの切実な思いと、にもかかわらず、現実の社会や職場、家族の価値観ではなかなかそういう希望がうまく通らないというジレンマは、何もドラマが描く昭和40年代前半の過去の話でなく、それから半世紀以上経った21世紀の現在でも、残念ながらあまり変わっていないでしょう。ここ最近の『なつぞら』の展開に、強く感情移入する子育て真っ最中の女性や男性の視聴者も多いのではないでしょうか。

茜のエピソードに見る東映動画の労働史

ところで、『なつぞら』のなかでなつと坂場の結婚・出産の「伏線」になっているのが、なつと前後してアニメーターになり、ともにテレビまんが制作に携わる同僚の三村茜（渡辺麻友）と、大先輩のアニメーターである下山克己（川島明）の結婚と出産の顚末でしょう。

すでに触れたことですが、なつになぞらえられる奥山は、東映動画の同期であり、のちに高畑勲が演出したテレビアニメ『アルプスの少女ハイジ』（1974年）のキャラクターデザインなどを手掛けた小田部羊一さんと結婚しています。したがって、ドラマではなつと、高畑を思わせる坂場を結婚させたのは、作品に近い関係者の史実と物語をずらすという意味で、なんとなく納得できるのですが、茜と下山の結婚という展開には驚かされたアニメファン（ジブリファン？）も多かったのではないでしょうか。というのも、一部で茜のモデルというふうにもいわれている実在のアニメーター・大田朱美さんの夫は、神地航也（染谷将太）が髣髴させるあの宮崎駿であり、実際、茜に一目惚れした神地が積極的にモーションをかけまくるという微笑ましい「前振り」（これも宮崎夫妻の史実通り）も頻繁に登場したので、てっきり茜は神地と結婚する流れだと思っていました。それが、大塚康生さんがモデルと思われる下山とくっつくという流れには、「どんなフェイント⁉」と思ったのはぼくだけではない……はずです。

それはともかく、茜は妊娠したものの、複雑な表情を浮かべます。というのも、第119回で産休を取るために社長室に挨拶に行った茜は、社長の山川周三郎（古屋隆太）から産休後に復帰したら、雇用は契約扱いになると申し渡されたのです（この正社員とは異なる「契約者」制度も、実際に東映動画には60年代初頭からありました）。山川は「そのほうが出勤時間はフリーになるし、あなたは仕事ができるんだから、頑張れば給料よりかえって高く取れるでしょう」と彼女を諭しますが、結局、彼女はショックでアニメーターを辞め会社を退職するのです。

そしてすでに触れたように、なつも子どもを授かります。第120回でなつは出産と自分の仕事への思いを、下山と神地に打ち明けます。彼らは、仲努（井浦新）ら作画課の男性アニメーターたちにもなつをめぐる現状の不公平を訴えかけ、会社側にそんな規則は不当であり、今後の女性アニメーターたちのためにも、産休明けにも引き続きなつが正社員として勤務できるようにと、ともに団交に向かいます。なつらの訴えを聞いた山川社長は、困惑するもアニメーターたちの真摯な直訴となつの熱意を聞き、最終的には社員として継続雇用することを約束します。

じつは『なつぞら』のこの部分の展開には、よく似た史実が存在しています。アニメーション研究家の叶精二さんの著書『日本のアニメーションを築いた人々』（若草書房）などに詳しいのですが、女性社員は結婚後には退職すべき旨の書面に署名させられるなど、1960年代初頭の東映動画では、女性社員に対する就業上の不公平がまかり通っていました（これも『なつぞら』で茜の口から語られます）。東映動画はその後、ドラマではまだ描かれていない1972年に人員削減を行うのですが、その時点でもそのさいの指名解雇対象の選定条件には「有夫者」（既婚女性社員）が加えられていたのです。

また、映画産業史の観点から東映動画の労働をめぐる企業体制の歴史的変遷をじつに詳細に研究している木村智哉さんは、ほかにも興味深い証言を紹介しています（「アニメ史研究原論」、『アニメ研究入門【応用編】』現代書館所収）。

それは、1970年前後にアニメーターとして活動したのち、漫画家に転身、後年にスタジオジブリで高畑勲が監督した名作『おもひでぽろぽろ』（1988年、アニメ版は1991年）の原作者としても知られる刀根夕子の回想です。刀根によれば、当時、男性の動画マンにはのちに原画へとキャリアアップし、長くアニメ業界で働くことを前提とした先輩アニメーターによる修正指示があったそうです。ですが、女性への指導の場合は、結婚や出産によるキャリアコースからのドロップアウトの可能性があることを暗黙の前提として、男性と違い先輩自ら修正してしまう傾向があったというのです。

ここにも、性差をめぐる労働条件の大きな格差が横たわっているといえます。つまり、当時のアニメ業界では女性であるというだけで、会社側からは勤続が想定されず、それゆえに、彼女たちはアニメーションの制作工程のうえで下流に位置づけられる動画やトレース・彩色などの分野に割り当てられ、そうした状況は固定化・自明化されていきます。なおかつ、それがまた、「細やかな手作業」や「ゆたかな色彩感覚」といったそれ自体固定的な「女性性」のイメージと結びつけられ、企業内、業界内での保守的なジェンダー認識が再生産され続ける……という循環構造が作られていくわけです。『なつぞら』でも、そうしたジェンダーイメージは（ある意味で史実の再現の物語なのだから仕方ないことですが）やはりはっきりと表れています。なつが最初に配属される彩色担当の仕上課は女性ばかり、他方で仲や下山らのいる作画課は男性ばかりであり、しかも作画課で最初に登場する女性アニメーターのマコさんは、そこではどちらかといえば「男性的」なイメージで演出されているのです。

「小田部問題」の現代性

さらに、『なつぞら』の茜の退職と、なつの団交のエピソードにも、それを視聴者に想起させる有名な事件があります。それが、1965年の5月から8月にかけて東映動画で起こった、いわゆる「小田部問題」です。

もともと1965年から66年にかけての東映動画では、就業形態をめぐる労使対立が顕在化した時期でもあったのですが、この小田部問題については、たとえばさきほどの『日本のアニメーションを築いた人々』や、木村さんの学術論文「商業アニメーション制作における「創造」と「労働」」(『社会文化研究』第18号所収)などの文献に詳しく書かれているので、興味のある読者はそちらを参照していただきたいです(ウィキペディアの「奥山玲子」の項目にも少し触れている箇所がありますね)。

さて、小田部問題とは何だったのでしょうか。それはまさに『なつぞら』のヒロインを思わせる人物とその夫である小田部さんと奥山をめぐって起こった、東映動画における、ひとつの「働き方改革」を促す出来事でした。当時、そろって入社6年目、(生まれも同年なので)28歳の中堅アニメーターとなっていた小田部・奥山夫妻には保育園に通わせる子どもがいました。小田部さんはその送迎のために自動車教習所に通っており、やむをえず遅刻や職場離脱が増加していました。むろん、会社側もしだいにこれを問題視しはじめます。そして、ついに小田部さんには出勤停止処分がなされたのですが、むろん小田部さんとしてもその後も教習所通いを止めるわけにはいかず、やがては彼の解雇処分の可能性まで取り沙汰されるようになっていきました。当初、会社と小田部さん個人のあいだでの交渉では、一時は依願退職による契約化が推奨されたこともあったといいます。

ところが、事態は小田部さんの勤務態度に起因するごく個人的な事案を越えて、労働組合全体を巻きこむ東映動画社内の普遍的な労働問題に発展していくのです。結局、労使交渉の結果、小田部さんの解雇は撤回され、職級上の降格減給処分によって、この事案は決着したのでした。

ともあれ、この小田部さんの一件を会社全体の問題として認知させたのが、ほかならぬ彼の妻であり、なつのキャラクターを思わせる奥山だったのです。奥山は、これを育児休暇や保育施設の不備による共働き社員の普遍的な問題として、婦人部の機関紙で取りあげるなど、積極的に内外に問題提起をしていき、最終的には約250人分の署名を集める労使闘争にまで発展させたのです。『なつぞら』のなつらアニメーターたちの団交の物語は、この小田部問題の実話を踏まえて観るべきでしょう。

いずれにしても、ここ数週間の『なつぞら』は、子育てと仕事の両立に悩む女性や男性にとって、さわやかな励みを与えるドラマになっていると思います。そして、その理由のひとつには、俳優や作り手側の情熱だけではなく、おそらく登場人物の造型に大きなヒントとなった当時の東映動画のひとびと（とくに女性たち）の、半世紀近くも前の、「働くこと」をめぐるたゆまぬ戦いが、現実に存在したからなのです。このドラマが東洋動画のひとびと以外にも、ジェンダーをめぐって先進的な考えを持ち、女性ではじめて北海道大学に入学したという柴田夕見子（福地桃子）をなつの妹に設定したのも、「女性の自立」というテーマにコンスタントに目配せを送っていた証でしょう。

京アニとジブリにまでつながるなつたちの夢

また、その後のアニメ業界では、ネガティヴな慣習だけでなく、むしろ奥山の戦いに追随するようなポジティヴな動きもありました。

たとえば、なつと坂場のもとにやってきたマコさんは、第122回で自分が新しく立ちあげる「マコプロダクション」の理念について、「そこはね、女性のアニメーターが母親になっても安心して働ける場所にしたいと思ってるの」と語ります。この場面について、ネット上では、1981年に、八田陽子さんが近所の主婦を集めて仕上げの下請会社として設立した京都アニメーションを髣髴とさせるというコメントが溢れましたが、この時期には京アニに限らず、スタジオキャッツなど、同様の経緯で発足したアニメ会社がほかにもありました。スタジオキャッツを設立した工藤秀子さんは、両親の介護をしながら、自宅で細々と仕上げの仕事を個人請負でするうち、周辺の主婦が集まってきて、それでスタジオを作ったといいます。いわば奥山となつが60年代に見た夢は、現代日本のポップカルチャーにおける「優しさ」や「繊細さ」の象徴となった京アニの歩みにまで遠くつながっていたのです。

そして他方では、奥山の思いと戦いを間近で見ていた彼女の後輩アニメーターだった宮崎駿は、ある意味でそれを後年の自らのアニメーションの表現にも結実させていきます。そう、『魔女の宅急便』（1989年）のキキから『紅の豚』（1992年）のピッコロ社、『もののけ姫』（1997年）のタタラ場、『千と千尋の神隠し』（2001年）の油屋まで、宮崎アニメには（ときに男性以上に）「生きいきと働く女性たちのコミュニティ」が繰り返し描かれるからです。奥山の姿は、いまや世界に誇る宮崎アニメの作品世界にも少なからず影響を与えたといえるでしょう。

ともあれ、そんな奥山も2007年に70歳の若さで亡くなりました。当時、宮崎はジブリで『崖の上のポニョ』（2008年）を製作中だったのですが、じつは奥山の死について、宮崎が語っている映像が、NHKが放送したドキュメンタリー「プロフェッショナル仕事の流儀スペシャル」（現在はDVD『プロフェッショナル 仕事の流儀スペシャル 宮崎駿の仕事』で観ることができます）に記録されています。彼は、いつものように作画机に向かいながら、側にやってきた色彩設計の「ヤッチン」こと保田道世と、「奥山さんが亡くなったんですよ。小田部が黙ってたの」、「ショックだよねえ」とふたりでため息交じりにうなずきあい、その後、ジブリの屋上で真っ赤に染まる夕焼けを眺めながら、「はああー…。死んじゃうと、夕焼けも見られないねえ…」と感慨深げに呟いています。

そこで宮崎とうなずきあっていたヤッチン（伊原六花演じる、なつの親友の森田桃代のモデルです）も、東映動画時代からの「戦友」として宮崎の創作を最後までサポートし続け、それから9年後に77歳でこの世を去りました。なつと結婚した坂場を思わせる宮崎の盟友・高畑もまた、昨年亡くなりました（現在、東京国立近代美術館で開催中の「高畑勲展――日本のアニメーションに遺したもの」には奥山の描いた原画も多数展示されています）。

『なつぞら』の時代から半世紀以上の歳月が経過し、ドラマのなかでは「かみっち」と呼ばれる神地に相当する、今年78歳の宮崎は、いまも新作アニメーション製作のために机に向かっています。『なつぞら』の物語と、そのヒントとなったと思われる昭和のひとびとのそれぞれの人生の軌跡は、女性も男性もともに支えあいながら「働くこと」の意味について、令和の時代のわたしたちにも変わらない問いを投げかけているかのようです。

〈『コクリコ坂から』をジブリの歴史から読む
――東映動画としてのカルチェラタン〉

歴史で紐解く『コクリコ坂から』

『コクリコ坂から』（2011年）は、宮崎駿と丹羽圭子が『借りぐらしのアリエッティ』（2010年）に続いて脚本を手掛け、宮崎の息子の宮崎吾朗が監督したスタジオジブリの通算17本目の長編アニメーション映画である。佐山哲郎原作・高橋千鶴作画による1979〜80年発表の少女マンガを原作として、東日本大震災の発生した2011年に公開され、大ヒットを記録した。

『コクリコ坂から』は、東京オリンピックを間近に控えた1963年、昭和38年の横浜が舞台。海を臨む小高い丘の上に立つ「コクリコ荘」で妹弟や祖母と暮らし、港南学園に通う高校生の「メル」こと松崎海（声：長澤まさみ）と先輩の風間俊（声：岡田准一）との出会いを軸にした、往年の日活青春歌謡ものを連想させる爽快な物語である。『コクリコ坂から』の2年後の2013年、この映画公開の年にはすでに企画が始動していた監督作『風立ちぬ』で、宮崎駿は長編アニメーション映画の監督からの引退を表明したことはよく知られているだろう（現在は撤回）。以前、別の場所でも指摘したことだが、この『風立ちぬ』にいたる2010年代前半は、宮崎駿自身やスタジオジブリにとっても、また彼を取り巻く外部の状況にとっても、宮崎やジブリの「歴史化」（と、その裏面での「ポスト宮崎」「ポストジブリ」探し）が一挙に本格化した時期だったのではないかと考えられる。その意味で、『コクリコ坂から』は、宮崎やジブリにまつわる歴史や記憶を横目に見ながら鑑賞すると、より味わい深いものになるのではないだろうか。このコラムでは、そうした視点から本作の見どころをまとめてみたい。

徳丸理事長のモデルの意味

『コクリコ坂から』は、明治時代に建てられたという老朽化の激しい高校の男子部室棟「カルチェラタン」の取り壊しに反対する俊らが保存を求めて奮闘する様子が物語の主軸のひとつとなっている。映画の後半で、俊とメルらは、学園の理事長を務めている実業家の徳丸理事長（声：香川照之）のいる東京の出版社の雑居ビルまで直談判に行く。彼らの熱い思いを聞いて一念発起した理事長は、約束した通りにカルチェラタンを直々に視察に訪れ、生徒たちの熱意に共感して建物の保存を正式に約束するのだ。ここで映画に登場する「徳丸ビル」と、そこで出版社を経営する徳丸理事長のモデルが、それぞれまさにスタジオジブリ設立に出資する徳間書店と、そのカリスマ的な創業者で、多くのジブリ映画の製作を務めた徳間康快（1921 - 2000）であることは、吾朗監督も公言しており、比較的よく知られているこの作品のディテールかもしれない。しかもジブリプロデューサーの鈴木敏夫によれば、このキャラクターの登場は、宮崎駿が脚本でこだわったことのひとつだったという（「社会全体が前向きだった時代を悪戦苦闘して描いた青春映画」、『ジブリの教科書17 コクリコ坂から』所収）。

たとえば、ジブリが発行するPR誌『熱風』での連載をまとめたノンフィクション『二階の住人とその時代――転形期のサブカルチャー私史』（星海社新書）の冒頭で大塚英志は、同時代のおたく文化を回顧しながら、そのことをじつに印象的に指摘している。実際、作中の徳丸理事長の顔は、明らかに往年の徳間そっくりに描かれているし、徳間もまた母校の逗子開成学園の理事長を歴任していた。徳丸理事長との面会を待つメルらが座る廊下の椅子の横の壁に貼られた『アサヒ芸能』というポスターは、徳間書店が草創期から発行していた芸能週刊誌であり（ちなみに、徳間書店に入社した鈴木敏夫は一時期、この『週刊アサヒ芸能』の編集部にいた）、また、社長室で理事長とメルらが直談判するシーンで、メルの真後ろの壁に掲げられた「真善美」という書は、これも徳間が徳間書店創立以前に経営に参画していた出版社「真善美社」の社名に通じている。

つまり、『コクリコ坂から』とは、主人公たちが徳間書店＝徳間康快に頼んで、滅びかけた自分たちの伝統や歴史の遺物を守ろうとする物語なのだ。

「カルチェラタン」が象徴するアニメの伝統

そういうふうに捉えてみると、『コクリコ坂から』は、じつはジブリを取り巻くさまざまな歴史や伝統との結びつきが陰に陽に込められた作品であることが見えてくる。たとえば、私は、杉本穂高氏、藤津亮太氏と行ったリアルサウンド映画部での鼎談で、次のように述べた。

例えば2011年の『コクリコ坂から』は、高校生がカルチェラタンという古い部室棟を守る話ですが、あの物語の時代設定も、宮崎監督が東映動画に入社した1963年です。つまり、あの物語は、ジブリに至る「東映動画的なもの」の伝統を守ろうとするメタファーなのです。（「ポスト・ジブリという問題設定の変容、女性作家の躍進　2010年代のアニメ映画を振り返る評論家座談会【後編】」2020年）

鈴木敏夫は、時代設定を高度経済成長とオリンピックが迫った1963年に、原作から変更した理由について、宮崎自身は、「日本という国が狂い始めるきっかけ」になった時代だからと解説していたと明かしている（前掲「社会全体が前向きだった時代を悪戦苦闘して描いた青春映画」）。ただここでは、この年が、宮崎駿が東映動画（現在の東映アニメーション）にアニメーターとして入社し、アニメーションの世界で仕事を始めた年だったという歴史に注目するべきだろう。

宮崎や高畑勲など、ジブリを作った人々がアニメーション業界に入る出発点となった1956年創立の東映動画については、昨今、広瀬すず主演の朝の連続テレビ小説『なつぞら』（2019年）によって広く知られるようになったかもしれない。「東洋のディズニー」を目指してクオリティの高い「漫画映画」を作り始めた東映動画だったが、戦後の日本のアニメーションは、その後、マンガ家の手塚治虫率いる虫プロダクション（虫プロ）がテレビアニメの製作を開始したことによって大きく変わっていく。有名な話だが、毎週30分のアニメ作品を放送するために、虫プロは必要悪として作画枚数を減らしてアニメならではのなめらかな動きをあえて簡略化してしまう「リミテッド・アニメ」の技法を採用して、現在の「アニメ」に繋がる日本のアニメーション表現の基礎を生み出したのだった。そして、60年代前半までに東映動画が掲げていた、「漫画映画」本来の動きの魅力を重視した作品作りを目指す宮崎や高畑といったジブリアニメのクリエイターたちは、そうした虫プロ系のリミテッド・アニメ作品のあり方に総じて反対してきたのだった（たとえばそうした考えは、宮崎・高畑の先輩格であるアニメーター・大塚康生の著書『作画汗まみれ』などにはっきり表れている）。ともあれ、その東映動画からスタジオジブリに通じる古き良き「漫画映画」の伝統や歴史に切断線を入れたテレビアニメ（『鉄腕アトム』）が登場したのが、何を隠そう宮崎が東映動画に入社し、『コクリコ坂から』の舞台とした1963年だったのである。

戦後日本アニメーションの「伝統」が大きく揺らぎ、宮崎駿がアニメーターになった1963年を舞台にして、徳間書店＝徳間康快をモデルにしたキャラクターにも支援を求めることで「滅びゆく遺物」を守ろうとする物語――『コクリコ坂から』は、このように整理することができる。すると、メルや俊が守ろうとするカルチェラタンが何を意味するかは自ずと明らかだろう。すでに述べたように、それは往年の「東映動画＝漫画映画的なもの」の伝統なのだ。学生討論会で、メルが聞く中で俊は、このように叫ぶ。

「古くなったから壊すというなら、君たちの頭こそ打ち砕け！ 古いものを壊すことは、過去の記憶を捨てることと同じじゃないのか！ 人が生きて死んでいった記憶を蔑ろにするということじゃないのか！ 新しいものばかりに飛びついて歴史を顧みない君たちに未来などあるか！」

つまり、この俊の言葉は、脚本を手掛け、息子の吾朗に新世代として監督を託した宮崎駿自身の切実な思いとして受け止めることができるのではないか。

他の宮崎アニメや作中の演出との呼応

なるほど、誰もが指摘しているように、映画の中のカルチェラタンのイメージは、宮崎がさまざまな作品で描いてきた「廃墟」や「城」のイメージをすぐに思い出させる。のこされ島（『未来少年コナン』）、カリオストロ城（『ルパン三世　カリオストロの城』）、ラピュタ城（『天空の城ラピュタ』）、ハウルの城（『ハウルの動く城』）……。それらはどれも、かつてはおおいに栄えていたが、いまは誰からも顧みられなくなった過去の遺物だ。『コクリコ坂から』のカルチェラタンもそうした宮崎的な廃墟のイメージを引いている。また、そこで交わされる激しい討論会（学生運動）のイメージも、『なつぞら』でも描かれたような、60年代の東映動画の社内に濃密にあった組合運動の雰囲気を伝えている（対して、女性ばかりが協力しながら生活するコクリコ荘のコミュニティやカルチェラタンを清掃する女子生徒たちの集団も、数々の宮崎アニメに共通するイメージだ）。

また、このアニメでは、なんとも魅力的な「縦」方向の運動や構図がいたるところに登場する。メルが高々と揚げるコクリコ荘の庭の旗はもちろん、カルチェラタンの屋根から校庭の池に飛び降りる俊のジャンプ、俊とメルが自転車で一気に駆け下りるコクリコ荘前の坂道、そしてカルチェラタンの大掃除でロープで上下に行き交うさまざまな物。こうした『コクリコ坂から』を彩る「縦方向」のイメージは、直接的には、作中で描かれるメルと俊の両親をめぐる親子＝血の秘密の主題と結びついていると言える。もちろんそれは、宮崎駿と吾朗という「親子」

の物語とも無関係ではない（ここでは深く触れないが、「帰ってこない船乗りの父」を描く吾朗監督の『コクリコ坂から』は、先行する駿監督の『崖の上のポニョ』［２００８年］とも対応している）。それは合わせて、さらに日本アニメそのものの伝統＝歴史という大きな「縦」の運動＝歴史とも重なるものだろう。

『コクリコ坂から』が現代に呼び覚ます意味

さて、そんな隠されたメッセージを含んだ『コクリコ坂から』が２０１１年に公開されたという事実も、偶然のことながら、とても意味深いものがある。なぜなら、それは宮崎駿がいったように、テレビアニメやオリンピックなど（まさに、現実にもう一度開催が決まった東京オリンピックは延期になったわけだが！）の激変が起きた60年代と同じように、この作品が公開された２０１０年代もまた、いろいろな意味で大きな時代の節目だったと言えるからだ。映画公開の年の３月に発生した東日本大震災と福島原発事故は、文字通りそれまでの日本社会の伝統や常識を「液状化」し、足場をなくしてしまった。そして、『風立ちぬ』のあと、まさに震災の記憶を呼び覚ましつつ、また「ポスト宮崎」的な国民的大ヒット作となった『君の名は。』（２０１６年）の新海誠が登場したが、それはいってみればキャラクターを「記憶喪失」にして、唯一の歴史や伝統や災害の記憶を「チャラ」にするような物語の語り手だった。

駿と吾朗父子の生み出した『コクリコ坂から』は、そうした「ポストジブリ」や「ポスト宮崎」、ひいては「ポスト戦後日本」の姿がはっきりと台頭し始めた２０１１年という年に、それを前もって牽制し、豊かな「アニメーションの過去と未来」の復権を爽やかに描き上げた作品だったのだ。

あとがき

わたしは２０１２年の暮れに最初の著作を出して以来、この9年間、単著を１冊も出してこなかった。本書はひさびさの単著であり、わたしにとって初の評論集である。

また、本書に少し遅れて、今冬にもう1冊著作を出す予定でいる。『新映画論　ポストシネマ』という比較的大部の現代映画論で、そちらはゲンロンから刊行される。『新映画論』は２０１６年から２０１８年にかけて連載していた原稿を大幅な加除修正を行ってまとめたものだ。偶然にも、近いタイミングで立て続けに刊行されることになった2冊の書物は、本書の原稿についていて「まえがき」でも書いたように執筆や書籍化のための改稿に費やされた時期もほぼ重なっている。そのため、取り上げている作品や論じている話題も共通点が多い。

ただ、『新映画論』は現代映画の状況を、「ポストシネマ」というひとつの大きなコンセプトのもとに理論的かつ体系的に検討することを試みた書物で、ボリュームもそれなりにある。対して本書は、どちらかといえば、ウェブ媒体ならではの時事性やアクチュアリティの高いレビューを中心にピックアップし、各作品が公開された当時の手触りをなるべく追体験してもらいながら——ちなみに、第2部のレビューは、劇場公開から間を置かずにほぼ初見で執筆されている——、同じような論点や問題をなるべくさくっと読んでもらうことを意識して編んでみた。ほとんど書き下ろしといってもよくなった『新映画論』と違って、本書の原稿にあえて加除修正をほとんど施さなかった理由は、そこにもある。したがって、9年ぶりに刊行した両者をあわせて読んでいただければ、わたしという批評家の2010年代の——それはわたしの30代とほぼ重なる——仕事がより立体的に理解していただけるのではないかと思う。

ともあれ、未曾有のコロナ禍でのオンライン授業や学務のなか、しかももう1冊の単著の校正作業も同時に抱えながら評論集をまとめるのはけっして楽ではなかったが、思いのほか楽しかった。

＊

さて最後に、この場を借りて、お世話になったかたがたに御礼を申し上げたい。まずはなんといっても、「リアルサウンド映画部」「リアルサウンドテック」「リアルサウンドブック」など、これまで寄稿させていただいたサイトを運営する株式会社blueprintのみなさまへ。現在、個々の原稿のおもな担当編集のほか、単行本化作業の労をとってくださった島田怜於さん。「リアルサウンド映画部」副編集長の宮川翔さん。株式会社blueprint代表の神谷弘一さん。現在は「リアルサウンドブック」編集部に移られ、島田さんとともに今回の単行本化作業をめぐってお手を煩わせた松田広宣さん。座談会企画などでお世話になっている安田周平さんや北村奈都樹さん。これまで担当していただいたかたにはすでに編集部を辞められたかたもおり、ここではすべてのお名前は挙げられないが、みなさんどうもありがとうございました。そして、いつもありがとうございます。

また、リアルサウンド映画部の企画をつうじて知己を得た倉田雅弘さん、杉本穂高さん、藤津亮太さんにも御礼を申し上げたい。御三方と交わした会話から得た着想が、本書の原稿にも有形無形に流れこんでいる。

装幀の川名潤さんは、本書にじつに素敵な衣装をまとわせてくださった。格別の感謝の気持ちを捧げたい。その幅広く、しかも唯一無二のお仕事の数々からずっと刺激を受け続けているさやわかさんには、身に余る過分な帯文をいただいた。記して深く御礼を申し上げたい。

そして、わたしの勤務先である跡見学園女子大学の同僚の先生がたにも感謝を。さらに、やはり学生たち、何よりも文学部現代文化表現学科のわたしのゼミ生たちには特別の謝辞を捧げたい（卒業生を含め学生たちの何人かはリアルサウンドの編集部でインターンシップもさせていただいた）。そもそも2015年にリアルサウンド映画部に最初に寄稿した2・5次元ミュージカルについてのコラムにせよ、この年に着任した大学ではじめてもったゼミのなかに、このジャンルの熱狂的なファンの学生がいたことが執筆の大きなきっかけのひとつだった（そのために、ひとりで『ミュージカルテニスの王子様』の公演を東京ドームまで観に行ったのだった）。その後も、本書で取り上げた作品や話題の少なからぬ部分を、学生たちとの日々の会話に負っている。アラサーからアラフォーになり、ますますトレンドへのアンテナが鈍るわたしの感性と好奇心を今後もおおいに刺激してほしいと思っている。

そして最後に、妻に心からの感謝を贈りたい。彼女とは、本書で扱った映画やアニメーションのいくつかを映画館で一緒に鑑賞した。劇場を出たあとの帰路、忘れっぽいわたしのために、ときに重要なディテールを思い出させてくれたり、まだ知らなかった情報をさりげなく教えてくれるその心地よい会話からは多くのアイディアをもらった。いつもありがとう。

2021年8月　渡邉大輔

【初出一覧】

第1部　新しい画面の映画論

「新しい日常、新しい画面」（第1回）
リアルサウンド映画部、2020年9月19日
「新しい日常、新しい画面」（第2回）
リアルサウンド映画部、2020年11月7日
「新しい日常、新しい画面」（第3回）
リアルサウンド映画部、2020年12月5日
「新しい日常、新しい画面」（第4回）
リアルサウンド映画部、2021年2月20日
「新しい日常、新しい画面」（第5回）
リアルサウンド映画部、2021年3月27日

第2部　画面たちの星座

第1章　21世紀映画のインフラストラクチャー

・ワールドビルディング時代の映像コンテンツと21世紀の文化批評
「渡邉大輔が論じる、ワールドビルディング時代の映像コンテンツとこれからの文化批評」（リアルサウンド映画部、2018年3月1日）を改題
・デジタルテクノロジーと「見ること」の禁忌——ポストカメラ的表現が映画にもたらすもの
「渡邉大輔が論じる、ウェアラブルカメラGoPro最新機種「HERO7」が映画表現にもたらすもの」（リアルサウンドテック、2018年11月14日）、「渡邉大輔が論じる、バーチャルカメラと「見ること」の禁忌　現代の映画に起きうる変化とは？」（リアルサウンドテック、2019年3月19日）を統合・改題
・『THE GUILTY／ギルティ』とデスクトップ・ノワール
「『THE GUILTY／ギルティ』から考える「デスクトップ・ノワール」　変容する視覚と聴覚の関係とは」（リアルサウンド映画部、2019年3月19日）を改題
・拡張現実としての2・5次元ミュージカル——メディア論から見る2・5次元カルチャー人気の理由
「『テニミュ』など“2・5次元カルチャー”人気の理由は？　メディア文化論から分析」（リアルサウンド映画部、2015年8月8日）を改題
・『溺れるナイフ』のふたつの顔——情動的な映像演出の“新しさ”と、昭和回帰的な“古さ”
「渡邉大輔の『溺れるナイフ』評：情動的な映像演出の“新しさ”と、昭和回帰的な“古さ”」（リアルサウンド映画部、2016年11月16日）を改題
・演劇・分身・幽霊——濱口竜介『ドライブ・マイ・カー』論
本書のための書き下ろし

第2章　変容する現代日本アニメ

・『君の名は。』の大ヒットはなぜ事件なのか？
「『君の名は。』の大ヒットはなぜ“事件”なのか？　セカイ系と美少女ゲームの文脈から読み解く」（リアルサウンド映画部、2016年9月8日）を改題
・リメイクから見る『打ち上げ花火、下から見るか？横から見るか？』
「渡邉大輔の『打ち上げ花火、下から見るか？横から見るか？』評：『君の名は。』との関係と「リメイク映画」としての側面を考察」（リアルサウンド映画部、2017年9月9日）を改題
・『天気の子』から“人間性のゆくえ”を考える——新海誠とポストヒューマン
「『天気の子』から“人間性のゆくえ”を考える　ポストヒューマン的世界観が意味するもの」（リアルサウンド映画部、2019年7月30日）を改題

・ショートアニメの台頭とスマホファースト化する視聴環境
「10分以上は無理!?　「スマホファースト」環境に対応する、ショートアニメーションの台頭を考える」（リアルサウンド映画部、2019年9月17日）を改題
・映画『鬼滅の刃』大ヒットの“わからなさ”——21世紀映画のヒットの条件
「映画『鬼滅の刃』大ヒットの“わからなさ”の理由を考察　21世紀のヒット条件は“フラットさ”にあり？」（リアルサウンド映画部、2020年10月25日）を改題
・映画『鬼滅の刃』に見る「妹の力」
「大ヒットは“妹の力”が支えている？　『鬼滅の刃』禰豆子から考える歴代興行収入ランキングの傾向」（リアルサウンド映画部、2020年12月15日）を改題

第3章　スタジオジブリとその周辺

・朝ドラ『なつぞら』から女性と仕事の今昔を考える
「『なつぞら』から「女性と仕事」の今昔を考える　「小田部問題」の現代に通ずるテーマ性」（リアルサウンド映画部、2019年8月24日）を改題
・『コクリコ坂』をジブリの歴史から読む——東映動画としてのカルチェラタン
「『コクリコ坂から』をジブリの歴史から読む　随所に込められた東映動画のメタファーの数々」（リアルサウンド映画部、2020年8月21日）を改題

渡邉大輔（わたなべ・だいすけ）

批評家・映画史研究者。1982年生まれ。現在、跡見学園女子大学文学部准教授。専攻は日本映画史・映像文化論・メディア論。映画史研究の傍ら、映画からアニメ、純文学、本格ミステリ、情報社会論まで幅広く論じる。著作に『イメージの進行形』（人文書院、2012年）、共著に『アニメ制作者たちの方法』（フィルムアート社、2019年）『スクリーン・スタディーズ』（東京大学出版会、2019年）『本格ミステリの本流』（南雲堂、2020年）など多数。

デザイン協力＝水谷美佐緒（プラスアルファ）

企画・編集＝blueprint（神谷弘一、松田広宣、島田怜於）

明るい映画、暗い映画

21世紀のスクリーン革命

2021年10月10日初版第一刷発行

2022年 1 月31日初版第二刷発行

著者　渡邉大輔

発行者　神谷弘一

発行・発売　株式会社blueprint

〒150-0043 東京都渋谷区道玄坂 1-22-7 5F／6F

TEL 03-6452-5160（代表）

印刷・製本　株式会社シナノパブリッシングプレス

ISBN 978-4-909852-19-9

C0074